JN231489

1分で決まる！

志麻さんの献立の作り方

志麻

マガジンハウス

1分で献立が決まるフレンチの考え方を食卓に！

私はさまざまなご家庭にうかがい、その家にある食材を使い、リクエストに応えて料理を作っています。ご家庭によって買い置きの食材や常備している調味料も違うので、まず、どんな食材があるのか最初にチェックして、献立を考えます。時間はだいたい1分ぐらいで、そのあとすぐに料理に取りかかり、15品ほど作ります。

そんななかで、みなさんから「どうやって献立を考えているの?」と聞かれることがよくあります。頭の中でどんなことを考えて、どうやって料理を作っているのか教えてほしいという声もたくさんいただきます。

私自身はそんなに器用なほうではないのですが、家政婦の仕事は、その場の状況に合わせて料理を作ることが多く、日々、経験を重ねていくうちに、献立作りのコツが少しずつ身についていった気がします。「この料理はこうでなければならない」という考え方も、同時に取り除かれていきました。

頭の中に浮かぶのは、食材と調理法、味の組み合わせの方程式。「この食材がないから作れない」というふうには考えず、「何で代用するか」と考えます。和食の場合は使う食材があらかじめ決まっていることが多いのですが、フランス料理の場合、まずメインの食材があって、次にどう調理するかを考えるのが基本です。そこに野菜たっぷりのつけ合わせを添えるので、「じゃがいもがないから肉じゃがは作れない」「大根がないからぶり大根は作れない」という発想にはならないのです。そういうフランス人の料理の考え方も、家庭料理を作るときには活かせることに気づきました。

組み合わせは本当にいくらでもあって、バリエーションは無限大。ソースたっぷりの赤ワインの煮込み料理を作ったら、つけ合わせは簡単にさっとゆでただけの野菜に。メインがシンプルな鶏肉のソテーなら、つけ合わせは少しだけ手をかけたピュレに……と、考える作業はむしろ楽しみの一つです。

そんな私のベースとなっているフレンチスタイルの献立や調理法が、毎日、キッチンに立っている方の少しでも役に立てばと思い、おすすめのレシピとともにお届けすることにしました。

志麻さんの献立作りの基本

メインの食材を決める

肉？　それとも魚？　肉なら牛・豚・鶏、どれにする？
食べたいメインの食材を決めたら、次のステップへ。

メインの調理法を決める

その日の気分で、調理法を選びましょう。

1. 蒸し煮・蒸し焼きにする
2. グリルで焼く
3. オイル煮にする
4. オーブンで焼く
5. ソテー・ポワレにする
6. マリネ・カルパッチョにする
7. 煮込む

どれもコツさえ覚えてしまえば、簡単です。

つけ合わせを決める

メインをシンプルなソテーにしたとしても、
つけ合わせを変えるだけで食卓の雰囲気が変わります。
食材は冷蔵庫にあるもの、食べたいものをご自由に。
基本は、次の7つの調理法。いろんな組み合わせが楽しめます。

1. ソテーする
2. ピュレにする
3. オーブンで焼く
4. 揚げる
5. 煮る
6. ゆでて和える。
7. そのまま和える

メイン

つけ合わせ

牛肉のトマト蒸し煮

×

1 ほうれん草のバターソテー

or

2 ほうれん草とじゃがいものピュレ

鶏ささみのコンフィ

×

5 レンズ豆の煮込み

or

5 かぼちゃのラタトゥイユ

メカジキのポワレ

×

1 ブロッコリーのソテー

or

7 キャベツのコールスロー

スープを決める

洋風スープの基本はとてもシンプル。コンソメかポタージュか、
少ない具材で作るか具沢山のスープにするか。
冷蔵庫に残っているものでも簡単に作れます。

余裕があれば

デザートも考える

特別なものがなくてもデザートは作れます。本書では、シンプル素材の
簡単レシピを紹介しますので、余裕があればお試しください。

STEP 1

メインの食材を決める

肉や魚介類は、種類や部位によってそれぞれ特徴があります。
下ごしらえ、味の相性、適した調理法などを知れば、献立はより楽に！

牛肉

ステーキ用の肉は常温に戻してシンプルにソテーで。塊肉は煮込みや蒸し煮に最適。薄切り肉は野菜を巻けば、ボリュームアップ。

牛すね肉

すじが多く硬い部位。ゼラチン質のコラーゲンがたっぷり入っていて、長時間煮込むとやわらかくなる。煮込み料理にぴったり。

豚肩肉

赤身に脂身が混ざりバランスがよい部位。ゆっくり火を通すことでやわらかくなるので、ソテーよりも蒸し焼き、蒸し煮、煮込みなどに。

豚スペアリブ

骨つきのバラ肉で適度に脂身がついているので、食べごたえがある部位。下味をつけて、グリルで骨側から弱火でじっくり焼くのもおすすめ。

豚バラ肉

赤身と脂肪が層になっている「三枚肉」とも呼ばれる部位。蒸し煮、蒸し焼きなど、どんな調理法も合うが、旨味がある脂分が抜けないように。

豚ロース肉・ヒレ肉

赤身と脂肪のバランスがよいロースは下ごしらえですじ切りして食べやすく。ヒレは脂肪がなく淡白なので、火を入れすぎて硬くならないように。

挽き肉

使いやすいのは牛肉と豚肉の合挽き。鶏挽き肉はあっさり味に。ハンバーグなどが一般的ですが、トマトなどにつめて焼いたりするのもおすすめ。

鶏もも肉

ほどよく脂肪があり、旨味とコクがある部位。鶏皮をクッション代わりにしてじっくり焼くと、ジューシーな仕上がりに。蒸し煮や煮込みも。

鶏むね肉

脂肪分が少なくタンパク質が多い部位。肉質はやわらかい。オイル煮や蒸し焼きにするとパサパサせずしっとり。クリーム系のソースにも合う。

鶏ささみ

脂肪分がほとんどない、あっさりとした淡白な味なので、チーズやベーコンなどの食材とも相性がよい。蒸し煮やオーブン焼き、オイル煮にも。

鶏手羽

骨つきは旨味があり、ボリューム感も出るので、野菜と一緒にじっくり煮込んだり、オイル煮にしたり、グリルで焼いたり、いろんな調理法で。

砂肝

簡単な下処理として、ひと手間かけて白いスジを取っておくと、縮まずに食べやすくなる。オイル煮で保存食に。じっくり煮込んでも。

貝・エビ

殻つきのものは汚れをとって下処理を。焼く、蒸す、煮るなど食べ方はいろいろ。オリーブオイル、トマト、カレー味とも合う。

カンパチ・サーモン

刺身用やサクで買えるサーモンやカンパチなどの魚は、薄くスライスしてカルパッチョやマリネに。サクのままソテーして、ソースを添えても。

イワシ・サバ

イワシやサバなどクセが強い青魚は水気をとり、調理法によっては塩をふって下処理を。グリルやオイル煮に。トマトや洋風の味つけも合う。

ブリ・メカジキ

ブリやメカジキなど肉厚でしっかりとした切り身はソテーや蒸し煮に。淡白な魚なら、アンチョビなどアクセントを加えるとよいバランスに。

STEP 2

メインの調理法を決める

7つの調理法の基本とコツがわかれば、ワンパターンからも脱出！
いつもの食材も調理法を変えれば料理のバリエーションが広がります。

❶ 蒸し煮・蒸し焼きにする

肉や魚に下味をつけて焼き、野菜を炒め、それらを合わせてふたをして焼くのが「蒸し焼き」の基本。水分をほとんど加えませんが、野菜などに含まれる水分があるのでおいしく蒸し上がります。「蒸し煮」は、蒸し焼きと基本は同じですが、ワインやブイヨンなど少しだけ水分を加えて蒸すので、やわらかく仕上がります。

牛肉のトマト蒸し煮／鶏肉のパプリカ煮／豚肩肉のワイン煮　P24〜27

② グリルで焼く

オーブンよりもグリルはすぐに高温になり、さっと焼けるという特徴があります。表面に焼き目をつけたいときなど、状態をチェックしながら火加減のコントロールができます。短時間に高温で焼くと、水分がぎゅっと閉じ込められて中身がふっくらジューシーになり、おいしくいただけます。

イワシのファルシ／豚スペアリブのバーベキュー／鶏ささみのクリームチーズはさみ焼き

P28〜31

③ オイル煮にする

フランス語では「コンフィ」と言い、塩こしょうなどで下味をつけた食材を低温の油でゆっくり加熱する調理法です。やわらかく火が通り、旨味が凝縮され、保存性も高まります。本書ではオイル煮のいくつかのバリエーションを紹介します。オイル煮で使った油には食材の風味が残るので、炒め物などに使っても。

鶏ささみのコンフィ／イワシのコンフィ／砂肝のコンフィ

P32〜35

❹ オーブンで焼く

オーブンはじっくりと食材の中心まで加熱するときに設定時間と温度をコントロールしておけるので、とても便利です。基本的には200〜230度で加熱しますが、高温でさっくり仕上げたいときは230〜250度、じっくり低温で仕上げたいときは100〜120度を目安に（メーカーによって、若干差があります）。

鶏肉の詰め物オーブン焼き／イワシのグラタン／ブリのシチリア風／サバのパイ包み／ミートボールのパスタ添え

P36〜45

❺ ソテー・ポワレにする

「ソテー」も「ポワレ」もどちらもフライパンで焼く調理法です。ソテーはわりと高温でさっと焼くイメージです。ポワレは油やバターをしいたフライパンの上で食材を動かさずに、じっくりと焼き色をつけるのがポイントです。焼きムラができないように、フライパンの向きを動かして焼きムラをなくします。

鶏むね肉のポワレ／メカジキのポワレ／豚ヒレ肉のパネ

P46〜49

6 マリネ・カルパッチョにする

「マリネ」は酢、塩こしょう、オイルなどでマリネ液を作り、生あるいは揚げた魚や野菜を漬け込む調理法です。ハーブやスパイスは食材に合わせて。熱が冷めると酸味と塩味が減るので、塩分は少し多めに。漬け込まずに、薄く切った食材に塩こしょうをふり、レモン汁やビネガーをまわしかけるだけで「カルパッチョ」に。

ブリのエスカベッシュ／イワシのマリネ／カンパチのカルパッチョ

P 50～55

7 煮込む

煮込み料理は、肉や魚に塩こしょうをして焼き、水分を入れて火にかけるだけ。野菜を加えてもいいし、とろみをつけたい場合は、肉や魚に塩こしょうをしたあと、小麦粉をまぶしてから焼くととろっとした仕上がりになります。水分を多めに入れるので、肉や魚、野菜と一緒にスープも味わえるのが蒸し煮との違いです。

豚バラ肉のカレー煮込み／チリコンカン／魚介類のラグー／牛すね肉のトマト煮／鶏肉のオレンジハーブ煮

P 56～65

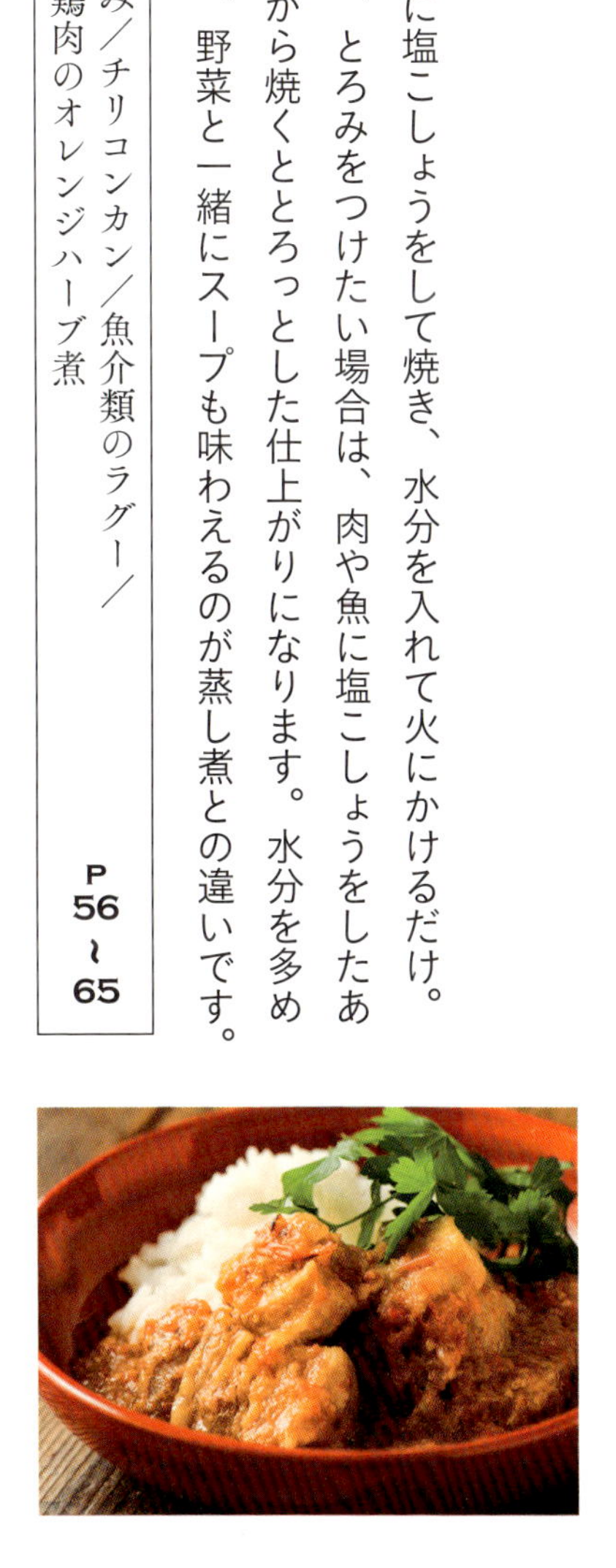

STEP 3 つけ合わせを決める

つけ合わせは同じ食材でも調理法によって味も食感も変化します。メイン料理に合わせて、お好みのものを組み合わせましょう。

1 ソテーする

ソテーは、フライパンや鍋でさっと炒める調理法です。炒めるときにバターを使うか、オリーブオイルを使うかでも仕上がりの風味が変わり、同じ野菜でも味や食感に変化をつけることができます。火をさっと通して仕上げる方法と、焼きつけて香ばしさをプラスする方法があります。

ブロッコリーのソテー／かぼちゃのソテー／じゃがいものリヨネーズ／ほうれん草のバターソテー／いんげんとカリカリベーコンの粒マスタード和え

P70〜74

② ピュレにする

ゆでた野菜（電子レンジで加熱してもＯＫ）をフォークなどでつぶして、水分を足したものが「ピュレ」。じゃがいも、かぼちゃ、かぶ、にんじんなどの根菜のほか、ほうれん草、小松菜などはじゃがいもと混ぜれば食べやすくなります。冷凍可能で、ニョッキにしたり、牛乳でのばしてスープにするなどのアレンジも。

かぼちゃのピュレ／じゃがいもとほうれん草のピュレ

P75〜77

③ オーブンで焼く

野菜を丸ごと、または大きめに切って耐熱皿に並べ、塩をひとつまみふり、少量のオリーブオイルをまわしかけてオーブンに入れるだけ。甘みも出て、やわらかな食感に。トマトなど水分の多い野菜は、高め（２５０度）で焼きます（火を通すとソース代わりに）。根菜などは２３０度でじっくり加熱を。

房つきトマトのグリル／夏野菜のグリル／チンゲン菜のグリル／レタスのエチュベ／ねぎのブレゼ／じゃがいもの重ね焼き／じゃがいものチーズ焼き／じゃがいもと玉ねぎのコンソメ風味

P78〜85

❹ 揚げる

外側はカリッと中身はやわらかく、食感を楽しめる調理法です。衣をつけて揚げるフリットはどんな野菜でも作れ、ボリュームのある一品に。食材をそのまま素揚げすると、表面のパリパリした食感が楽しめます。揚げ焼きにすれば少量の油でも大丈夫です。コンフィを作った油を利用すると風味よく仕上がります。

パセリフライ／ズッキーニのフリット　P86〜87

❺ 煮る

生の野菜または炒めた野菜を、コンソメやワインなどと一緒に火にかけて仕上げる調理法です。焼いた肉や魚など、メインのソースとして添えるのもおすすめ。最後に牛乳や生クリームを加えてさっと煮込むとクリーム煮に。トマトの水煮やピューレを加えたトマト味は何にでも合います。

ほうれん草のクリーム煮／ねぎのクリーム煮／大豆のトマト煮／レンズ豆の煮込み／かぼちゃのラタトゥイユ　P88〜92

⑥ ゆでて和える

シンプルにゆでて和えるだけなので、ヘルシーで簡単な調理法です。クリームチーズやナッツなど食感の異なるものと和えたり、アンチョビやオリーブなどアクセントのある食材を合わせると、味のバリエーションが広がります。いろんな食材との組み合わせをお試しください。

いんげんのクリームチーズ和え／ブロッコリーのアンチョビ和え

P93～94

⑦ そのまま和える

時間がないとき、さっぱり食べたいときに便利な調理法です。メインのつけ合わせとしてはもちろん、豆の水煮などは単品でボリュームある一皿に。和えるドレッシングの種類を変えれば、いろいろな味が楽しめます。キャベツやズッキーニなど、切り方を変えると食感に変化がでて新鮮です。

ミックスビーンズのドレッシング和え／キャベツのコールスロー／ズッキーニのマリネ

PLUS 1

スープを決める

あっさりコンソメ系か、ぽったりポタージュ系か。
その日の気分に合わせて、冷蔵庫にある食材でお好みのスープを。

▼コンソメスープにする

市販のコンソメと水で食材を煮て、塩こしょうで味を調えるだけでできる、手軽なコンソメスープを紹介します。スープに入れる具はお好み次第。具材を変えるだけで、まったく異なるスープの味が楽しめます。

丸ごとかぶのコンソメスープ／にんじんのコンソメスープ／ミニトマトのコンソメスープ／じゃがいもとアジのコンソメスープ

P 106～111

▼ポタージュスープにする

野菜をコンソメで煮てやわらかくし、ピュレ状にしたものを水分でのばしたのがポタージュスープです。煮る前にバターで野菜を炒めたり、牛乳や生クリームでのばすと濃厚な仕上がりになります。

カリフラワースープのカリカリベーコン添え／トマトの冷製スープ

P 112～114

PLUS

余裕があれば

デザートも考える

食事の最後にほっとできる甘いデザートがあるとうれしいものです。特別な材料がなくてもできる簡単デザートを紹介します。

▼フルーツを使う

旬のフルーツはそのままでも十分おいしいですが、加熱すると新たな味わいが引き出せます。バターでソテーしたり、クランブルをのせて焼いたり。普段使いのフルーツも、ほんの少しの工夫で極上のデザートに。

りんごのクランブル／パイナップルのポワレ

P118〜121

▼卵を使う

卵を使うデザートはたくさんあります。今回は、卵黄、卵白、生クリームに砂糖を加え、別々に泡立てて冷やし固めるだけで、火を使わずに作れるひんやりとほんのり甘いデザートを紹介します。

セミフレット

P122〜123

おいしさを引き出すハーブの話

この本で紹介するレシピの基本の調味料は、塩とこしょう、そして洋食のベースとしてコンソメを使っています。市販のコンソメはビーフエキスが入っているものなど、いろいろな種類があるので、好みの味を見つけておくといいですね。

もうひとつ欠かせないのがハーブです。ハーブもたくさん種類がありますが、私が常備しているのはタイムとローリエ。この2種類があると、料理の風味が豊かになり、味に奥ゆきがでます。フレッシュハーブもいいですが、長く保存できるドライのものが便利です。ほかにも、セロリの葉やねぎ、パクチーなど、クセのある野菜は料理の香りづけや味のアクセントとして、ハーブ代わりとして使うことができるので、ぜひ試してみてください。

●本書のレシピは2〜3人分が基本ですが、作りやすい分量でまとめているものもあります。

●本書で使用している小さじ1は5mℓ、大さじは15mℓです。また、塩や砂糖などの「ひとつまみ」とは、親指と人差し指、中指でつまめる程度の量になります。

STEP 1
食材を決める

STEP 
調理法を決める

メインを作る

組み合わせはいろいろ！
さっそく作ってみましょう。

フレンチの7つの調理法を取り入れて

献立は和洋中いろんなジャンルから考えますが、洋食にする場合、最初にメインをどうするかを考えます。肉か魚か、どんな種類でどこの部位にするかが決まったら、次に調理法を考えます。蒸し煮・蒸し焼きにする。グリルで焼く。オイル煮にする。オーブンで焼く。ソテー・ポワレにする。マリネ・カルパッチョにする。煮込みにする。この7つの調理法がベースで、どれも基本は簡単です。

食材は使いやすいもの、使い慣れているものを選ぶことが多いかもしれません。日本では薄く切ったスライス肉が一般的ですが、私は塊肉もよく使います。大きな塊肉は調理をするのが大変なイメージがあるかもしれませんが、実は意外と扱いやすい食材です。表面にオリーブオイルを塗ってオーブンで焼いてそのまま出したら、ちょっと豪華な食卓になりますし、煮込み料理なら塩こしょうして焼き目をつけて、鍋でことこと煮込むだけ。その間にほかの家事をすることも子供と遊ぶこともできます。

煮込み料理だけでも、トマト煮、ワイン煮、コンソメ（ブイヨン）煮、クリーム煮などがあり、さらにココナッツ味、カレー味など、たくさんのバリエーションがあります。同じ食材を使っても季節や気分によって味つけを変えるのもいいものです。今日はちょっと寒いからこってりとトマト味がいいかな。暑いからさっぱりコンソメ煮にしようかな。私の献立作りはそのくらいシンプルです。

トマト味にしたければトマト缶の水煮を加え、ワイン味にしたければワインで煮て、クリーム煮にするときは、コンソメで煮てから仕上げに生クリームを加えるだけ。最初から牛乳や生クリームを入れて煮込むわけではないので、煮込んでいる間に気分が変わってクリーム煮にすることも。こういったポイントがわかると、アレンジ力がついて献立を考えるのも楽しくなります。

「昨日の夜はトマト煮込みを多めに作ったから、今日はクリームを加えてトマトクリーム煮で食べよう」

そんなふうにフレンチの考え方や調理法を取り入れて、食のバリエーションを楽しんでいただけたらうれしいです。

肉・魚を焼く↓野菜を炒める↓水分を加える↓ふたをして煮る

牛肉 × 蒸し煮

Bœuf braisé à la tomate

牛肉のトマト蒸し煮

牛肉の旨味とトマトの風味が
絶妙に絡みあったひと皿

材料（2〜3人分）

牛肉（ステーキ肉）
――500g
玉ねぎ――½個（薄切り）
セロリ――½本（細切り）
にんじん――½本（細切り）
生ハム――6枚
トマト缶（水煮）――1缶
にんにく――1片
コンソメ――1個
タイム――少量
ローリエ――1枚
セロリの葉
小麦粉――大さじ2
オリーブオイル――適量
白ワイン――150cc
塩こしょう――適量

作り方

1 大きめに切った牛肉に塩こしょうをして、小麦粉をまぶす。

2 鍋にオリーブオイルをしき、**1**を入れて強めの中火で焼く。

3 牛肉の両面に焼き色がついたら鍋から取り出しておく（**A**）。

4 鍋の余分な油をふき取り、玉ねぎ、セロリ、にんじん、つぶしたにんにくを入れて、白ワインを注いで、こびりついた旨味もこそげ落とす（**B**）。

5 **4**にトマト缶のトマトを加えて、牛肉を戻す（**C**）。コンソメ、タイム、ローリエ、セロリの葉を入れてふたをし、弱火で20〜30分火にかける（**D**）。

6 仕上げに生ハムを加えて、さっと煮る。

A

C

B

D

塊肉ではなく、スライス肉でももちろん作れます。また、ブリなどの身がしっかりした魚でも応用でき、ごはんやパスタにぴったり。生ハムは、味に深みを出したいときの便利な食材です。

鶏もも肉 × 蒸し煮

Poulet mijoté aux poivrons

鶏肉のパプリカ煮

パプリカの甘みが白ワインの風味ととけ合う

材料（2〜3人分）

- 鶏もも肉――大2枚
- 玉ねぎ――1/2個（薄切り）
- パプリカ（赤、黄）――各1個（細切り）
- にんにく――1片
- コンソメ――1個
- タイム――少量
- ローリエ――1枚
- 白ワイン――100cc
- 油――大さじ1
- 塩こしょう――適量

作り方

1 鶏もも肉に塩こしょうして（A）、フライパンに油をしき、皮目から強めの中火で焼く（B）。

2 鶏もも肉の両面に焼き色がついたらフライパンから取り出す。

3 余分な油をふき取り、玉ねぎ、パプリカ、つぶしたにんにくを入れて炒め、野菜がしんなりしたら、鶏もも肉を戻す。

4 白ワイン、コンソメ、タイム、ローリエを加え、ふたをして30分ほど中火にかける。

生クリームを入れれば、クリーム煮に！

最後に生クリーム100ccを加え、全体になじませるだけ！

A 鶏もも肉の厚みのある部分は塩をやや多めにふる。

B 真ん中が浮かないように、最初だけ肉を押さえておく。

豚肩肉 × 蒸し焼き

Épaule de porc braisé

豚肩肉のワイン煮

相性ぴったりの豚肉とリンゴソースをたっぷりかけて

材料（2〜3人分）

豚肩肉——350g
（食べやすい大きさに切る）
りんご——½個（くし形切り）
セロリ
——1本（大きめの細切り）
バター——10g
白ワイン
——100cc〜150cc
生クリーム——50cc
塩——小さじ½
こしょう——適量

作り方

1 しっかり塩こしょうした豚肩肉の両面をフライパンで焼き、取り出す。

2 バターをとかし、りんごとセロリをさっと炒め、焼き色をつける（**A**）。

3 豚肩肉を戻し入れて白ワインを加え、ふたをして10分ほど蒸し煮する。

4 豚肩肉、りんご、セロリを取り出して皿に盛り付ける。

5 フライパンに残った煮汁を強火で軽く煮詰め（**B**）、生クリームを加えてソースを作って**4**にかける。

白ワインで煮て、最後に生クリームを入れるのがクリーム煮の基本。他の食材でもおいしいです。

A
りんごの代わりに酸味のあるフルーツを使っても。

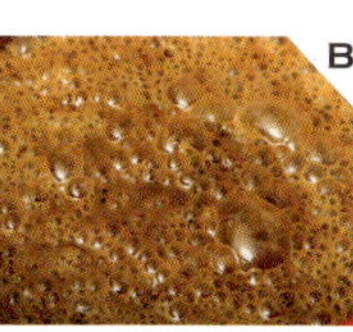

B
煮詰めて旨味を凝縮させてから、生クリームを入れる。

イワシ × グリル

Sardines farcies

イワシのファルシ

おなかに夏野菜を詰めるだけ！
お手軽で華やかなパーティレシピ

材料（2～3人分）

- イワシ
  ――4～5尾（頭とわたを取る）
- 玉ねぎ――¼個（角切り）
- ズッキーニ――¼本（角切り）
- なす――½本（角切り）
- にんにく――1片（みじん切り）
- パン粉――大さじ2
- ミニトマト――3個（4等分）
- レモン――2～3枚（スライス）
- オリーブオイル――適量
- 塩――適量
- こしょう――少々
- ローズマリー――（あれば）適量

作り方

1 イワシは水で洗って水分をよくふき取り、塩ひとつまみとこしょうをふる（**A**）。

2 フライパンにオリーブオイルをしき、玉ねぎ、ズッキーニ、なす、にんにくをしんなりするまで炒め、塩こしょうしたらボウルに取り出す。

3 **2**にパン粉、ミニトマトを加えて混ぜ合わせる。

4 イワシの腹に**3**を詰める（**B**）。

5 耐熱容器に並べてオリーブオイルをまわしかけ、レモンのスライス、あればローズマリーをのせてグリルで焼く（5～10分）（**C**）。

A

B

C

グリルに入れる前にオリーブオイルをまわしかけると、焼き色と香りがつきます。レモンとハーブはイワシのくさみを消すため。ちなみに、オーブンで焼く場合は高めの温度設定で。

豚スペアリブ × グリル

Travers de porc grillés à la sause barbecue

豚スペアリブのバーベキュー

決め手はトマトの漬けダレ！骨つき肉が一層おいしくなる

材料（2〜3人分）

豚スペアリブ——6本

バーベキューソース

にんにく——1片（みじん切り）
玉ねぎ——½個（角切り）
トマト缶（水煮）——1缶
ケチャップ——大さじ2〜3
リンゴ酢——大さじ1
パプリカパウダー（あれば）——小さじ1

油——大さじ1
塩こしょう——適量

作り方

1 鍋に油をしき、にんにくと玉ねぎを炒めてトマト缶を加え、塩こしょうして煮詰める。仕上げにケチャップ、リンゴ酢、あればパプリカパウダーを加える。

2 軽く塩こしょうした豚スペアリブを**1**に漬けておく（**A**）。

3 グリルの天板に**2**を並べて15分ほど焼き、裏返して（**B**）残った漬けダレものせ、15分ほど焼く。

手羽先や手羽元のような骨付き肉も試してみてください。食べごたえがあります。

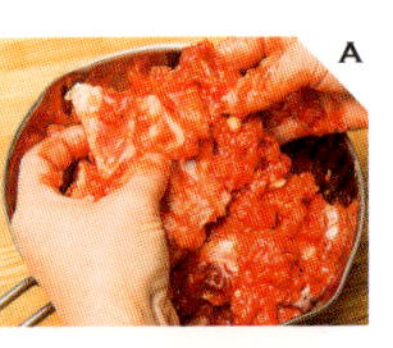

A 骨の隙間にもしっかりタレをぬり込む。

B 骨のまわりが白っぽくなってきたら、裏返す合図。

鶏ささみ × グリル

Filet de poulet au fromage à la crème

鶏ささみのクリームチーズはさみ焼き

あっさりした鶏ささみが濃厚な一品に早変わり

材料（2〜3人分）

鶏ささみ——4本（筋を取る）
クリームチーズ（kiri）——4個
ベーコン（長いもの）——6枚
塩こしょう——適量

作り方

1 鶏ささみに切れ目を入れて広げ、クリームチーズをはさんで塩こしょうをふる。
2 全体にベーコンを巻く。
3 グリルで10〜15分ほど焼く。

鶏ささみは火が通りやすいので、ベーコンに焼き色がついたら、出来上がりの目安。

鶏ささみ × オイル煮

Confit de filet de poulet

鶏ささみのコンフィ

余熱で鶏ささみに火を通すと
しっとりした仕上がりに

材料（2〜3人分）

鶏ささみ――4本（筋を取る）
にんにく――1片（半分に切る）
ローズマリー――1本
オリーブオイル――大さじ4
塩――適量
＊肉の量に対して、0.8％を目安に。
こしょう（あれば黒こしょう）少々
砂糖――適量

作り方

1 鶏ささみにしっかりめの塩とひとつまみの砂糖をふってもみ込み、10分くらいおき、水分が出たらふき取る。
2 鍋に湯を沸かす。
3 大きめの密閉保存袋に1とオリーブオイル、にんにく、ローズマリー（タイム、ローリエでもOK）、こしょうを入れる（A）。
4 沸騰した湯の中に袋ごと3を入れて、上のふちを持って袋の中の空気を抜く（B）。
5 ふたをし（C）、火を止めてそのまま40分くらいおく。

A

B

C

直接、油で煮ませんが、これもオイル煮です。火が通った鶏ささみは、細かくほぐしてサラダにも。ハーブのかわりに柑橘系のフルーツを入れると爽やかな風味に仕上がります。

イワシ × オイル煮

Sardines confit

イワシのコンフィ

ハーブの香りが浸み込み骨まで柔らかい

材料(2~3人分)

イワシ(頭とわたを取る)
——6尾
にんにく
——1片(半分に切る)
タイム——少量
ローリエ——1枚
とうがらし——1本
オリーブオイル——適量
塩——適量
こしょう——少々

作り方

1 イワシは水気をとり(A)、両面にたっぷりの塩とこしょうをふり、30分くらいおく。
2 再び水分をしっかりとふき取り、耐熱容器に並べる。
3 にんにく、タイム、ローリエ、とうがらしをのせ、オリーブオイルをひたひたに入れる(B)。
4 オーブン(低温120度)で1時間ほど加熱する。

コンフィは冷蔵庫に入れておけば、1週間ほどはおいしく食べられます。冷凍保存も可能です。

A キッチンペーパーを下に敷き、上からそっと押さえる。

B イワシがかぶるくらいオリーブオイルに漬ける。

砂肝 × オイル煮

Gésiers de volaille confits

砂肝のコンフィ

コリコリした食感がクセになるお酒にも合う大人の味

材料（2〜3人分）

砂肝――350g
にんにく
――1片（スライス）
タイム――少量
ローリエ――1枚
油――適量
塩――適量
＊肉の0・8％を目安に。
こしょう――少々

作り方

1 砂肝は開いて半分に切り、硬い部分と筋を取りのぞく（**A**）。
2 しっかりと塩、こしょうをふり、にんにく、タイム、ローリエを加えてもみ込む。
3 鍋に**2**とひたひたの油を入れて火にかける。
4 ふつふつと泡が出てきたら弱火で40分ほど煮る（**B**）。

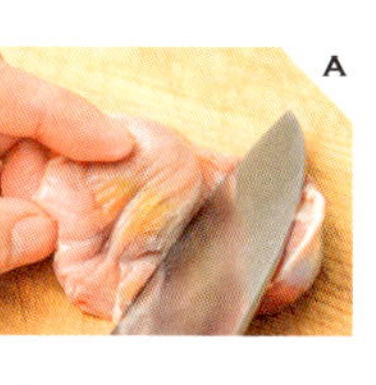

A 硬い部分や筋は、包丁をあてて、そぎ切りするように。

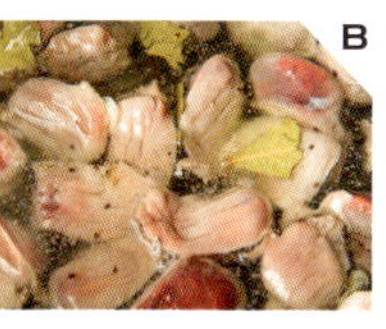

B 小さな泡がポツポツ出てくるくらいを目安に。

手羽元なども同じようにオイル煮にするとおいしいです。

鶏肉 × オーブン

Poulet farci au four

鶏肉の詰め物オーブン焼き

具をたっぷり詰めて ローストチキンをボリュームアップ

材料

鶏もも肉――1枚

詰め物

玉ねぎ――½個(みじん切り)
にんにく――1片(みじん切り)
パン粉――1カップ
パセリ――1本分(みじん切り)
レモンの皮――1個分(すりおろし)

オリーブオイル――大さじ2½
塩こしょう――小さじ½(目安)
油――大さじ1

作り方

1 玉ねぎ、にんにくをオリーブオイルで炒めて軽く塩こしょうをして、しんなりしてきたら、パン粉を加えて炒める。

2 **1**にパセリ、レモンを加え、しっかりと味がつくように塩で調える。

3 鶏もも肉の皮と身の間に指を入れて広げ、**2**をたっぷりと詰める(**A**)。

4 爪楊枝などで開いた部分を留め(**B**)、両面に塩こしょうをふる。

5 フライパンに油をしき、強火で**4**に焼き色をつける(**C**)。

6 **5**を耐熱容器に移し、オーブン(200度)で30分ほど焼く。

A

B

C

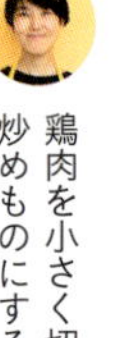

鶏肉を小さく切らずに一枚のまま料理すると見た目も豪華に。詰め物の中身をきのこやキャベツの炒めものにするなどのアレンジもおすすめ。いろんな味が楽しめます。

イワシ × オーブン

Gratin de sardines

イワシのグラタン

重ねた食材がオーブンの中でとけ合って絶妙なハーモニーに

材料（2〜3人分）

イワシ（3枚おろし）――3尾分
じゃがいも――1個
タプナード（ペースト）
にんにく――1片（みじん切り）
アンチョビ
――2枚（みじん切り）
オリーブ――10粒（みじん切り）
パン粉――小さじ1
オリーブオイル――適量
塩こしょう――適量
油――大さじ1

作り方

1 じゃがいもは皮ごとラップに包んでレンジで両面それぞれ3分ほど加熱しておく。

2 にんにく、アンチョビ、オリーブを合わせて包丁でたたき（**A**）、混ぜ合わせる。

3 **1**のじゃがいもを輪切りにして耐熱容器に並べて荒くつぶし（**B**）、**2**のタプナードをかける。

4 イワシの両面にしっかり塩こしょうをして、フライパンに油をしき、中火でさっと焼く（**C**）。

5 **3**の上に**4**のイワシを重ねてパン粉をふりかけ、オリーブオイルをまわしかける。

6 オーブン（230度）で15分ほど焼く。

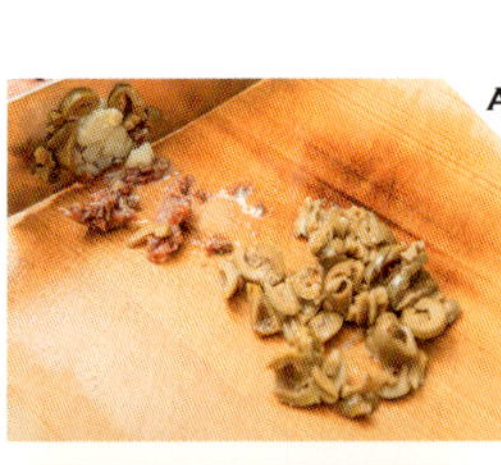
A

B

C

イワシとじゃがいもの組み合わせは絶妙です。さらに、プロヴァンス発祥のオリーブのペースト、タプナードがシンプルなじゃがいものグラタンを深みのある味わいにしてくれます。

ブリ × オーブン

Sériole en papillote à la sicilienne

ブリのシチリア風

クッキングシートに包んで素材の旨味をすべて閉じ込めて

材料（2人分）

ブリ（切り身）——2切れ
バジル——2〜3枚（細かく刻む）
レモン——¼個分
ソース
ミニトマト——6個（半分にカット）
オリーブ——6個（半分にカット）
アンチョビ——2枚（みじん切り）
オリーブオイル——大さじ1
塩こしょう——適量

作り方

1 ブリの水分をふき取り、両面に塩こしょうをふり、バジルをのせ、レモンを絞って漬け込む（**A**）。
2 クッキングシートに**1**のブリを置き、ミニトマト、オリーブ、たたいたアンチョビをのせ、オリーブオイルかける。
3 **2**を包む（**C**）。
4 オーブン（230〜250度）で10分ほど焼く。

A

B

C

紙で包んだまま食卓にサーブすると、みんな、喜んでくれます。紙を開けた瞬間に香りが広がり、目でも舌でも楽しめるんです。ブリの代わりに、マナガツオでもイワシでもおいしいです。

サバ  **オーブン**

Feuilletés de maquereaux

サバのパイ包み

市販のパイ生地とサバ缶を使って手軽に本格フレンチの味わい

材料

サバ缶（水煮）――2缶
トマト缶（水煮）――1缶
玉ねぎ――½個（薄切り）
セロリ――½本（薄切り）
にんにく――½片（みじん切り）
市販のパイシート
――4枚（½〜¼にカット）
水――50cc
タイム――少量
ローリエ――1枚
卵黄――1個分
（小さじ1の水でのばす）
塩こしょう――適量
油――適量

作り方

1 フライパンに油をしき、玉ねぎ、セロリ、にんにくを炒め、しんなりとしてきたらサバ、トマト、水、タイム、ローリエを加え、中火でぽってりするまで煮込む（**A**）。

2 パイシートを用意し、上からかぶせるほうはめん棒などでのばしておく。

3 パイ生地に**1**をのせ、ふちに卵黄をぬり（**B**）、さらにパイ生地をかぶせてふちをしっかり閉じる。

4 残った卵黄をパイ生地の表面にぬり、空気穴を3カ所作る（**C**）。

5 オーブン（200〜230度）で40〜45分ほど焼く。途中でパイに焼き色がついてきたら、アルミホイルをかけるか、温度を少し下げてパイ生地をしっかり焼き切る。

A

B

C

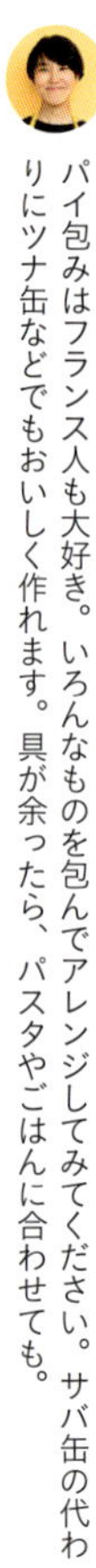
パイ包みはフランス人も大好き。いろんなものを包んでアレンジしてみてください。サバ缶の代わりにツナ缶などでもおいしく作れます。具が余ったら、パスタやごはんに合わせても。

挽肉 × オーブン

Spaghetti aux boulettes

ミートボールのパスタ添え

ミートボールをくずしながら食べるお肉たっぷりのパスタ

材料

合挽き肉——380g
卵——1個
パン粉——大さじ1
牛乳——大さじ1
玉ねぎ——1個（みじん切り）
にんにく——1片（みじん切り）
トマト缶（水煮）——1缶
水——100cc
タイム——少量
ローリエ——1枚
パスタ——適量
塩——小さじ½
こしょう——少々

作り方

1 みじん切りした玉ねぎ½個分をラップで包み、レンジで1分半ほど加熱する。

2 鍋で残りの玉ねぎ½個分とにんにくを炒め、トマト、水、塩、こしょう、タイムとローリエを加え、中火で15分ほど煮込み、トマトソースを作る（**A**）。

3 ボウルに合挽き肉、溶いた卵、パン粉、**1**の玉ねぎ、牛乳、塩こしょうを加えてこねる（**B**）。

4 **3**を食べやすい大きさに丸め、耐熱容器に並べて、**2**のトマトソースをかける（**C**）。

5 アルミホイルをかけて、オーブン（200度）でじっくり60分ほど焼く。最後の20分はアルミホイルをはずして水分を飛ばす。

6 指定通りの時間にゆでたパスタの上にのせる。

A

B

C

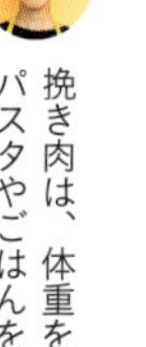

挽き肉は、体重をかけて押しつぶすようにしっかりこねると、ジューシーな仕上がりになります。パスタやごはんを添えるときは、トマトソースにしっかりめに塩を加えてください。

鶏むね肉 × **ポワレ**

Suprême de poulet poêlé, sauce à la moutarde

鶏むね肉のポワレ マスタードソース

**皮はカリッと身はジューシー
ソースを添えてまろやかな仕上がり**

材料（2〜3人分）

鶏むね肉——大1枚（常温に戻しておく）
マッシュルーム——8個（薄切り）
白ワイン——100cc〜150cc
生クリーム——50cc
粒マスタード——小さじ1
塩こしょう——適量
油——大さじ1

作り方

1 鶏むね肉の表面の水分をふき取り、両面に塩こしょうをふる。身が厚いところは多めに（**A**）。
2 フライパンに油をしき、鶏むね肉を皮目から弱火で20分ほど動かさずにじっくり焼く。
3 身の厚い部分が白っぽくなったら（**B**）裏返して5分ほど焼き、取り出してアルミホイルに包んで休ませる（**C**）。
4 フライパンの余分な油をふき取り、マッシュルームを軽く炒める。
5 **4**に白ワインを入れて軽く煮詰め、生クリーム、粒マスタードを加え（**D**）、塩こしょうで味を調える。
6 **3**をスライスして皿にもりつけ、**5**のソースをかける。

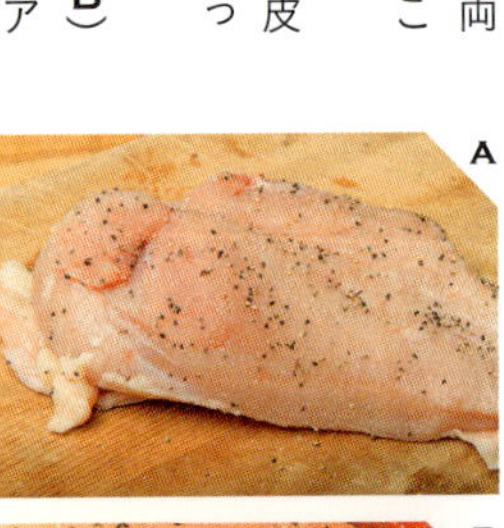
A

B

C

D

鶏むね肉はもちろん、脂身の少ない豚ヒレ肉や白身魚などのメイン素材は、生クリームを使ったクリーミーなソースに合います。ソースはキノコ類や野菜を合わせてもおいしく仕上がります。

メカジキ × ポワレ

Espadon poêlé

メカジキのポワレ

レモンとバジルのソースでさっと煮込んだ爽やかな味

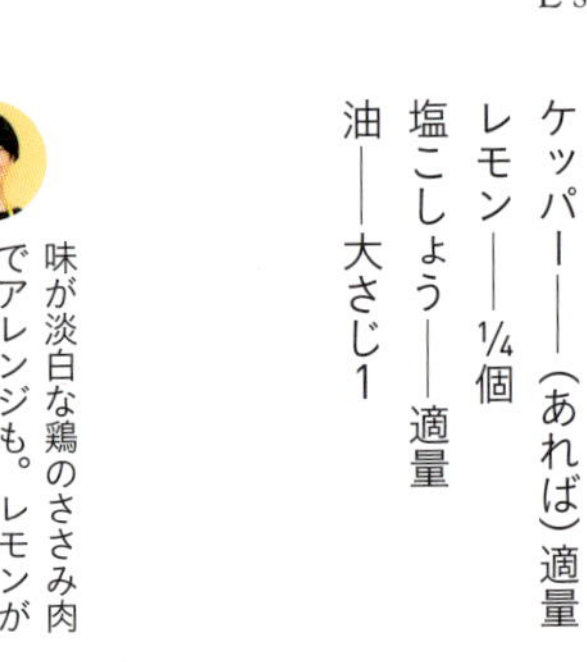

材料（2～3人分）

- メカジキ（切り身）——2枚切れ
- 玉ねぎ——½個（みじん切り）
- セロリ——1本（みじん切り）
- にんにく——1片（みじん切り）
- 水——200cc
- コンソメ——1個
- マカロニ——60g（固めにゆでる）
- バジル——8枚
- ケッパー——（あれば）適量
- レモン——¼個
- 塩こしょう——適量
- 油——大さじ1

作り方

1. メカジキの水分をとり（A）、塩こしょうをする。
2. フライパンに油をしき、強めの中火で焼き、焼き色がついたら取り出す。
3. 玉ねぎ、セロリ、にんにくを炒め、しんなりしたら水とコンソメを加え、弱火で煮る。
4. 野菜がやわらかくなってきたら、マカロニ、バジル、ケッパーを加えてレモンを絞り、メカジキを戻し、まわりのソースをかけて味をなじませる（B）。

味が淡白な鶏のささみ肉でアレンジも。レモンがなければ、柑橘系のフルーツで代用を。

A

両面の水分をしっかりふき取るのを忘れずに。

B

メカジキを動かさないようにソースをかける。

豚ヒレ肉 × ポワレ

Filet de porc pané

豚ヒレ肉のパネ

トマトとモッツァレラチーズにはさんで

材料（2～3人分）

豚ヒレ肉のパネ

豚ヒレ肉
——300g（厚切り）
卵——1個
小麦粉——適量
パン粉——適量
塩こしょう——適量
オリーブオイル——大さじ3

トマト——1 ½個（薄切り）
塩こしょう——適量
（ふだん塩をふるときの1.5倍くらいを目安に）
モッツァレラチーズ
——1個（輪切り）
オリーブオイル——適量
ローズマリー——（あれば）1本

パサつく素材でも衣でくるむと仕上がりがしっとり。鶏ささみでもおいしくできます。

作り方

1 トマトを耐熱皿に並べて塩を多めにふり、オリーブオイルをかけ、10分ほど焼き色がつくまで焼く（**A**）。

2 豚ヒレ肉をたたいてのばし、塩こしょうして、溶き卵、小麦粉、パン粉を順につけ、オリーブオイルをしいてフライパンで焼く（**B**）。

3 **1**のトマトの上に**2**とモッツァレラチーズを重ね、ローズマリーをのせてグリルでさっと焼く。

A トマトには、しっかりめに塩をふる。

B 多めの油で両面をきつね色に。

マリネ液を作る→マリネ液に漬け込む

ブリのエスカベッシュ

じっくり揚げ焼きで柔らかに漬け込むほどに味がしみ込む

ブリ × マリネ

Sériole en escabèche

材料（2〜3人分）

ブリ（切り身）――2切れ（一口大）
小麦粉――小さじ2
塩こしょう――適量
油――適量

マリネ液

玉ねぎ――¼個（みじん切り）
にんじん――⅛個（みじん切り）
セロリ――¼本（みじん切り）
水――50cc
酢――100cc
白ワイン――100cc
砂糖――大さじ1½
塩――小さじ⅓
タイム――少量
ローリエ――1枚

作り方

1 鍋に水、酢、白ワイン、砂糖、塩、タイム、ローリエを入れて沸かし、玉ねぎ、にんじん、セロリを加えて水分が2／3程度になるまで煮詰めてマリネ液を作る（**A**）。途中、アクが出てきたら取りのぞく。

2 ブリの水分をふき取り、塩こしょうしてから小麦粉をつける（**B**）。

3 たっぷりの油で**2**のブリを中火でカリッと揚げ焼きにする（**C**）。

4 ペーパーなどで油を切らずに、**3**をそのまま**1**のマリネ液に漬け込み、常温になるまで冷ます。

A

B

C

ブリのほか、青魚や小アジのような骨つきの魚でも。酢に漬け込むことで骨までやわらかくなり、食べやすくなります。マリネ液の野菜は細かくすると味がなじみやすいです。

イワシ × マリネ

Sardines marinées

イワシのマリネ

新鮮なイワシを生かして シンプルに味を調えるだけ

材料（2～3人分）

イワシ（3枚おろし）——3～5尾分
塩——適量
酢水
——水——500cc
——酢——50cc
レモン——½個
オリーブオイル——大さじ2

作り方

1 イワシの頭のほうの皮をつまんで尾に向けて引きはがし（**A**）、両面に塩を強めにふり、30分ほどおく。

2 **1**の塩を酢水で洗い流し（**B**）、水気をしっかりふき取る。

3 **2**にレモンを絞りかけ、オリーブオイルをまわしかける。

A

B

memo

イワシ×じゃがいもの相性がいいので、レンジで蒸したじゃがいも、オリーブ、薄切りした赤玉ねぎに、塩こしょう、酒、オリーブオイルを加えて和えたつけ合わせが、私のおすすめです。

つけ合わせにゆでたじゃがいもを添えたり、グリーンサラダにのせてちょっとボリュームを出したり、食べ方はお好み次第。ワインなどと一緒にお酒のおつまみにもぴったりです。

カンパチ  カルパッチョ

Carpaccio de sériole couronnée

カンパチのカルパッチョ

**お皿の上でさっと仕上げる
爽やかな香り広がるフレッシュな前菜**

材料（2〜3人分）

- カンパチ――1サク（薄切り）
- グレープフルーツ
  ――1個（皮をむく）
- 塩――適量
- こしょう（あれば、黒こしょう）
  ――適量
- レモン――½個
- オリーブオイル――大さじ2

作り方

1 ひと房ずつ皮をむいたグレープフルーツを皿に並べる。
2 カンパチを薄く切り、グレープフルーツの上に盛りつける。
3 カンパチに塩、こしょうを順にふる。
4 レモンを皿の上で絞りながらまわしかけ、最後にオリーブオイルをまわしかける。

フルーツと相性がいいカルパッチョ。魚は透けるぐらいに薄く切ると見た目もキレイです。タイなど白身の魚で同じように作ってもおいしいです。

甘みと酸味がほどよいグレープフルーツと合わせるのがおすすめ。

豚バラ肉 × 煮込む

Poitrine de porc au curry

豚バラ肉のカレー煮込み

肉と野菜の旨味が凝縮！クセになるエスニックカレー

材料

豚バラ肉——500g（一口大）
トマト——2個（ザク切り）
ココナッツ缶——1缶
玉ねぎ——1個（みじん切り）
にんにく——1片（みじん切り）
しょうが——にんにくと同量（みじん切り）
パプリカ——1個（みじん切り）
カレー粉——小さじ1
クミン——小さじ1
タイム——少量
ローリエ——1枚
コンソメ——1個
塩こしょう——適量

作り方

1 鍋に豚バラ肉を入れて塩こしょうし、カレー粉、クミンを加えてもみ込む（**A**）。

2 ボウルに玉ねぎ、にんにく、しょうが、パプリカを入れて混ぜ合わせる。あればハンディフードプロセッサーなどで細かくしてもOK（**B**）。

3 鍋に**1**の豚バラ肉、**2**、トマト、ココナッツ、タイム、ローリエ、コンソメを加え、ふたをして弱火でことこと煮込む（**C**）。

4 20分ほどしたらふたを取り、水分を飛ばしながら、さらに40分ほど煮込む。全体がぽったりとしたら出来上がり。

A

B

C

野菜とココナッツ缶の水分だけで煮込むので素材の旨味がぎゅっと凝縮されて濃厚な味わいになります。豚バラ肉の代わりに鶏肉でもOK。ココナッツと相性がいい素材です。

豆 × 煮込む

Chili con carne

チリコンカン

挽き肉と豆をことこと煮込むだけ！スパイシーな味つけで食欲アップ

材料

合挽き肉——300g
玉ねぎ——½個（みじん切り）
にんにく——1片（みじん切り）
キドニービーンズ——1缶
厚切りベーコン——2枚（角切り）
チリパウダー——小さじ1
トマト缶（水煮）——1缶
水——200cc
タイム——少量
ローリエ——1枚
コンソメ——1個
油——大さじ1
塩——小さじ½
こしょう——適量

作り方

1 鍋に油をしき、玉ねぎとにんにくをしんなりするまで炒める。

2 **1**に合挽き肉を加えて炒め、色が変わってきたら、塩、こしょう、チリパウダーを加えて混ぜ合わせる（**A**）。

3 さらにキドニービーンズ、ベーコン、トマト、水、タイム、ローリエ、コンソメを加えてふたをし、30分くらいことこと煮込む（**B**）。

4 水分が少なくなって、ぽってりしてきたら出来上がり。

A

B

チリパウダー以外に、コリアンダーやクミンなどお好みのスパイスを入れてもＯＫです。合挽き肉の代わりに、豚挽き肉や鶏挽き肉で作ると、あっさりした味に仕上がります。

魚介類 × 煮込む

Ragoût de fruits de mer

魚介類のラグー

**魚介の旨味だけでダシいらず
さっと煮込んで野菜もたっぷり**

材料（2〜3人分）

塩ダラ（切り身）――2切れ
有頭エビ――4尾
（ヒゲの部分は取る）
アサリ――20個
玉ねぎ――½個（薄切り）
セロリ――1本分（薄切り）
＊茎の部分は別にしておく
パプリカ――1個
にんにく――1片（薄切り）
アンチョビ――4枚（細かく刻む）
白ワイン――100cc
トマト缶（水煮）――1缶
水――300cc
オリーブオイル――大さじ1½
塩――小さじ½
こしょう――少々

作り方

1 鍋にオリーブオイルをしき、玉ねぎ、セロリ、パプリカ、にんにくを入れて炒め、野菜がしんなりしてきたら白ワインを入れる（**A**）。

2 さらにトマト、水、アンチョビを入れてふたをして10分ほど煮込み、塩、こしょうで味を調える（**B**）。

3 セロリの葉（他のハーブでもOK）、塩ダラ、エビ、アサリを加えて、さっと5分ぐらい煮込んで火を通す（**C**）。

A

B

C

魚介類はさっと煮込むだけで旨味がたっぷりスープにとけ出します。パスタを添えればボリュームアップに。ムール貝、ホタテや、冷凍などで手に入りやすい魚介を組み合わせても手軽にできます。

牛すね肉  **煮込む**

Ragoût de crosses de bœuf à la tomate

牛すね肉のトマト煮

塊肉もトマトと煮込んで食べやすく
最後の仕上げはお好みで

材料（2〜3人分）

- 牛すね肉——400g（一口大）
- 小麦粉——大さじ1〜2
- 玉ねぎ——½個（みじん切り）
- にんにく——1片（みじん切り）
- マッシュルーム（薄切り）——1パック（8個）
- 白ワイン——150cc
- トマト缶（水煮）——1缶
- にんじん——½本（輪切り）
- 厚切りベーコン——80g（拍子木切り）
- タイム——少量
- ローリエ——1枚
- コンソメ——1個
- セロリの葉——適量
- 水——適量
- 塩こしょう——適量
- オリーブオイル——大さじ1

作り方

1 牛すね肉に塩こしょうをして、小麦粉をまぶす。

2 鍋にオリーブオイルをしき、**1**を強めの中火で焼き（**A**）、両面に薄く焼き色がついたら取り出しておく。

3 鍋の余分な油をふき取り、玉ねぎ、にんにく、マッシュルームを炒め、白ワインを加えて旨味をこそげ落とす。

4 **3**にトマト、にんじん、ベーコン、タイム、ローリエ、コンソメ、セロリの葉を入れ、**2**の肉を戻してひたひたの水を加え、ぽってりするまで40〜45分ほど火にかける（**B**）。

5 セロリの葉を取りのぞき、盛りつける。

A

B

トマトクリーム煮に!

お好みで最後に生クリームを加えると、トマトクリーム煮に変身。

肉につける小麦粉を多めにすると、とろっとした仕上がりに。鶏もも肉、手羽元、豚肩肉などで作ってもおいしいです。

鶏肉 × 煮込む

Poulet mijoté aux herbes et oranges

鶏肉のオレンジハーブ煮

**オレンジとパクチーを加えて
オリエンタルな煮込みに**

材料（2〜3人分）

鶏もも肉
——大1枚（4等分に切る）
手羽元——4本
玉ねぎ——½個（薄切り）
にんにく——1片（みじん切り）
白ワイン——200cc
水——100cc
コンソメ——1個
タイム——少量
ローリエ——1枚
オレンジ——1個分
パクチー——1枝分
ミント——10枚
塩こしょう——適量
油——大さじ1

作り方

1 フライパンに油をしき、塩こしょうした鶏もも肉と手羽元を焼く。薄く焼き色がついたら、取り出しておく（**A**）。

2 **1**に玉ねぎ、にんにくを入れて炒め、表面に残った旨味をこそげ落としながら、白ワイン、水を加えて鶏肉を戻す（**B**）。

3 コンソメ、タイム、ローリエを加えてふたをし、ことこと煮込む。

4 手羽元の骨のまわりの部分が白くなってきたら鶏肉を取り出す。

5 フライパンのソースを軽く煮詰め、オレンジを絞り、パクチー、ミントを加える（**C**）。

6 鶏肉を戻して、5分ほど煮込む。

A

B

C

スタンダードな白ワイン煮を今回は少しアレンジ！ 魚でも他の肉でもOKです。オレンジの代わりにレモンやグレープフルーツ、生の果物がない場合はジュースを入れても風味が出ます。

志麻さんの

食材×調理法の早見表 メイン編

肉や魚は、それぞれに合う調理法があるので参考にしてください。
◎は最適、○もおすすめです。ページ数があるのは本書でレシピを紹介しています。

食材＼調理法	蒸し煮・蒸し焼き	グリル	オイル煮	オーブン	ソテー・ポワレ	マリネ・カルパッチョ	煮込み
牛肉（塊）	◎ P24	○	○	◎	◎	△	◎
牛肉（薄切り）	◎	○	△	○	◎	○	◎
牛肉（すね）	◎	○	◎	○	○	△	◎ P62
豚肩肉	◎ P27	○	◎	◎	○	○	◎
豚スペアリブ	◎	◎ P30	◎	◎	○	△	◎
豚バラ肉	◎	○	◎	◎	◎	△	◎ P56
豚ロース・ヒレ	○	○	◎	◎	◎ P49	△	○
挽き肉（豚・牛・鶏）	○	◎	△	◎ P44	◎	△	◎ P58
鶏もも肉	◎ P26	◎	◎	◎ P36	◎	○	◎ P64
鶏むね肉	◎	○	◎	○	○ P46	○	○
鶏ささみ	◎	◎ P31	◎ P32	◎	◎	○	○
砂肝	○	△	◎ P35	○	○	○	◎
鶏手羽	◎	◎	◎	◎	○	◎	◎ P64
貝類	◎	◎	○	◎	△	○	○ P60
エビ・カニ	◎	◎	○	◎	◎	◎	◎ P60
カンパチ・サーモン	◎	◎	◎	◎	◎	◎ P54	○
イワシ・サバ	○	◎ P28	◎ P34	◎ P38.42	◎	◎ P52	◎
ブリ・メカジキ	◎	◎	◎	◎ P40	◎ P48	◎ P50	○

STEP 3

つけ合わせを決める

ローテーションに入れておきたい
おいしい野菜レシピ

つけ合わせで野菜をたっぷり

肉や魚のメインには、野菜のつけ合わせをつけます。このメイン料理には、このつけ合わせじゃなきゃいけないという決まりはないので、好きなものを好きなだけたっぷり、または旬のものをたっぷり食べる。そんな気持ちで選んでみてはいかがでしょう。

つけ合わせを作るときに気をつけたいのは、味つけするときの塩加減。メインかつけ合わせか、主役にしたいほうにしっかり味をつけるとバランスがよくなります。たとえば、ゆでただけのいんげんを煮込み料理のつけ合わせにしようと思ったときに、塩を加えてゆでると、いんげんにしっかりと塩味がついてしまっていて、味の濃いメイン料理と合わせると重たくなってしまいます。野菜は味つけを濃くすると、意外とたくさん食べられないものなのです。つけ合わせは薄めに仕上げて、トマトやクリームなどソースがある料理なら絡めて食べる。そんなイメージで私は考えます。

メインに合わせてどんなつけ合わせを作るか考えるのは楽しいもの。メイ

ンの作り方と似ていますが、食材が決まったら調理法を決めます。ソテーする。ピュレにする。オーブンで焼く。揚げる。煮る。ゆでて和える。そのまま和える。この7つを覚えておけば困りません。

「ソテー」や「煮る」といった調理法は、食感を変えたり、シンプルなメインの引き立て役になったりします。「ピュレ」は、火を通してやわらかくした食材をつぶしたものですが、煮込み、コンフィ、ポワレやソテーなど、どんなメインの料理にも対応できる万能なつけ合わせです。かぼちゃやさつまいもなどの根菜はもちろん、くせがある野菜や味が濃い野菜、葉ものでも、じゃがいもと混ぜるとなめらかで口当たりのやさしい食感になります。このピュレは、ニョッキやスープのもとにもなり、コロッケやグラタンにもアレンジができるので、フランスの家庭でも一度にたくさん作っているようです。

また、ゆでた野菜をドレッシングで和えたり、生のまま和えたりしても、立派なつけ合わせになります。食材やドレッシングのような調味料を変えるだけでバリエーションが増えますので、参考にしていただけたら。

ソテー

Sauté de broccoli

ブロッコリーのソテー

歯ごたえが残るくらいに焼いて粉チーズをふりかけて

材料

ブロッコリー――½個（一口大）
にんにく――1片
パルメザンチーズ――適宜
オリーブオイル――大さじ2

作り方

1 フライパンにオリーブオイルをしき、つぶしたにんにくを入れて火にかける。
2 にんにくの香りがしてきたらブロッコリーを入れ、大さじ1の水を加え、ふたをして弱火で焼く（**A**）。
3 ブロッコリーに焼き色がついたら、パルメザンチーズをふりかける

A
蒸し焼きにするように、ふたをして焼く。

少し焦げたくらいのほうが、旨味が出ておいしく食べられます。歯ごたえも楽しんで。

Sauté de potiron

かぼちゃのソテー

ホクホクに焼き上げてバルサミコ酢のソースで食べる

材料

かぼちゃ——1/8個(くし切り)
オリーブオイル——大さじ2
バルサミコ酢——大さじ2
しょうゆ——小さじ1
はちみつ——小さじ1

作り方

1 フライパンにオリーブオイルをしき、かぼちゃを並べ、弱火でじっくり焼く。
2 焼き色がついたら、裏返す(**A**)。
3 火が通ったら取り出し、皿に並べる。
4 フライパンにバルサミコ酢、しょうゆ、はちみつを入れ、とろみが出るまで煮詰める。
5 かぼちゃに**4**のソースをかける。

動かさずに焼くこと。じっくり慌てずに。

かぼちゃは煮たときと焼いたときの印象が違うので、かぼちゃ嫌いの人にもおすすめ。

Pomme de terre à la lyonnaise

じゃがいものリヨネーズ

フランス人も大好き！ 玉ねぎとじゃがいもの定番レシピ

材料

じゃがいも——1個（輪切り）
玉ねぎ——½個（薄切り）
オリーブオイル——大さじ2
塩——適量
こしょう——適量

作り方

1 じゃがいもはラップをしてレンジで両面を3分ずつ加熱する。
2 フライパンにオリーブオイルをしき、玉ねぎに塩を少々ふり、ゆっくり炒める（A）。
3 2にじゃがいもを入れ、オリーブオイルを少し足して焼き色をつけ、塩こしょうで味を調える。

A 塩を少し入れて水分を出し、旨味を引き出す。

じゃがいもカリカリ焼き

オリーブオイルをしき、にんにくを入れて火にかけ、薄切りのじゃがいもをじっくり焼くだけでも美味。

ソテー

Épinards sautés au beurre

ほうれん草のバターソテー

バターとにんにく風味が食欲をそそる万能のサイドメニュー

材料

ほうれん草——1束（ザク切り）
バター——30g
にんにく——1片
塩こしょう——適量

作り方

1 フライパンでバターを溶かし、焦げる直前くらいにほうれん草を入れる（**A**）。
2 半分に切ったにんにくをフォークに刺し、そのままほうれん草を混ぜながら炒める（**B**）。
3 塩こしょうで味を調える。

小さな泡がさっと引く瞬間がタイミング。

ほんのりとにんにく風味にする、志麻さんの裏技！

小松菜やチンゲン菜など、青い葉もの野菜でも代用できるレシピです。

Haricots verts et lardons sauté à la moutarde à l'ancienne

いんげんとカリカリベーコンの粒マスタード和え

シンプルなソテーをベーコンの塩味で食べる

材料
いんげん――20本
ベーコン――4枚（細切り）
粒マスタード――小さじ1
こしょう――適量
オリーブオイル――大さじ1

作り方
1 フライパンにオリーブオイルをしき、ベーコンの水分がなくなるまで炒める（A）。
2 いんげんを加え、動かさずに弱火でじっくり焼く。
3 粒マスタードを加え、こしょうをふりかけ、全体を混ぜ合わせる。

パチパチと音が聞こえなくなったらいんげんを入れるタイミングです。

カリカリベーコンは、かぶ、アスパラガス、ほうれん草、キャベツなど、どんな野菜にも合います。

ピュレ

Purée de potiron

かぼちゃのピュレ

ステーキなどにも合うシンプルで万能なつけ合わせ

材料
かぼちゃ――小1/4個（皮を取る）
水――適量
バター――15g
牛乳――50cc

作り方
1 鍋に適当な大きさに切ったかぼちゃを入れ、ひたひたの水でやわらかくなるまで煮る。
2 かぼちゃをざるにあげ、そのまま裏ごししてペースト状にする（A）。
3 2にバター、牛乳を加えて均一になるように混ぜ合わせる。

A
裏ごしするとなめらかに。つぶすだけでもOK。

ピュレを牛乳でのばし、塩こしょうで味を調えると、かぼちゃスープになります。

ピュレ

Purée pommes de terre aux épinards

じゃがいもとほうれん草のピュレ

グリーンが鮮やかに映えるメインのおいしい引き立て役

材料

じゃがいも――2個
ほうれん草――½束
牛乳――50cc
バター――10g

作り方

1 鍋でほうれん草をゆで、水気を取らずにそのままボウルに移し、牛乳を加えてハンディフードプロセッサーで細かくする。
2 じゃがいもをゆで、やわらかくなったらバターを加えてつぶす。
3 **2**に**1**のほうれん草を加えて、全体を混ぜ合わせる。

ハンディフードプロセッサーなら手早くできますが、なければ牛乳を入れる前に、包丁で細かく刻む。

ほうれん草の代わりに春菊や小松菜で作ると、大人っぽい味に。

ピュレからニョッキを作る

材料

じゃがいもとほうれん草のピュレ ――大さじ8程度
（右ページのピュレの半量くらい）
卵黄――1個分
小麦粉――1½カップ
塩――適量

1 ピュレに卵黄を加える。

2 小麦粉と塩ひとつまみを加える。

3 しっかりと混ぜ、練る。

4 粉をふり、**3**を棒状にのばす。

5 一口大に切る。

6 **5**が浮かび上がるまでゆでる。

ピュレは多めに作っておくと、サラダやスープに使え、冷凍も可能。ニョッキにもなるので、覚えておくと便利です。ゆであがったニョッキにバターをからめ、こしょうをふるだけでもおいしいですし、トマトソースやクリームソースをかけても。スープに入れるのもおすすめです。

Tomates grillées

房つきトマトのグリル

トマトの旨味をぎゅっと凝縮！ 見た目でも食欲アップ

材料

房つきトマト――6個
オリーブオイル――大さじ1
塩――適量

作り方

1 耐熱容器に房つきトマトを並べ、オリーブオイルをかけ（A）、オーブン（220度）で10分くらい焼く。
2 仕上げに塩をひとつまみ、好みでオリーブオイルをかける。

A オリーブオイルは、1個ずつに丁寧にかける。

トマトと同様に、にんにくの丸ごとオーブン焼きもおすすめです。

オーブン

Légumes d'été grillés

夏野菜のグリル

カラフル野菜を並べてオリーブオイルをかけて焼くだけ

材料
ズッキーニ――½本（輪切り）
パプリカ赤・黄――各1個（細切り）
なす――2本（輪切り）
玉ねぎ――½個（くし切り）
にんにく――1片（丸ごと）
オリーブオイル――大さじ2
塩――適量

作り方
1 耐熱容器にズッキーニ、パプリカ、なす、玉ねぎ、にんにくを並べ、オリーブオイルをまわしかけ、オーブン（220度）で40分くらい焼く。
2 仕上げに塩をひとつまみふる。

冷蔵庫に少しだけ残っている野菜でもOK。お気に入りの組み合わせを探してみてください。

Pak-choi grillé

チンゲン菜のグリル

丸ごと焼いて切り分けて食べる新スタイル

材料

チンゲン菜――2個
オリーブオイル――大さじ2
塩――適量

作り方

1 耐熱容器にチンゲン菜を並べ、オリーブオイルをかけ（A）、オーブン（220度）で10〜15分くらい焼く。

2 仕上げに塩をひとつまみふる。

チンゲン菜全体にオリーブオイルをかけるだけ！

切らずにそのままオーブンで焼くことで、ジューシーな仕上がりに。

オーブン

Laitue étuvée

レタスのエチュベ

ヘルシーで旨味たっぷり！ベーコン風味のコンソメ蒸し煮

材料

レタス――1個（1/4に切る）
ベーコン――1枚（細切り）
コンソメ――1個
水――50cc
塩こしょう――適量

作り方

1 耐熱容器にレタスを並べ、ベーコン、砕いたコンソメ、水をまわしかける。
2 1をアルミホイルで包み（A）、オーブン（220度）で20分くらい焼く。
3 アルミホイルを外して、塩こしょうをふる。

A
全体をしっかり包み込む。

チンゲン菜やキャベツでも同様に作れます。野菜の旨味とベーコンの塩味がよく合います。

オーブン

Ciboule braisée

ねぎのブレゼ

オーブンに入れるだけで完成！ コンソメ風味の蒸し煮

材料
ねぎ——1本（4等分）
コンソメ——1個
水——50cc

作り方
1 耐熱容器にねぎ（**A**）を並べ、砕いたコンソメをふりかけ、水をまわしかける。
2 容器をアルミホイルで包み、オーブン（220度）で20分くらい焼く。

A
ねぎの青い部分も香りづけに一緒に入れる。

日本のねぎは固いので、筋に対して斜めに細かく切り込みを入れると食べやすくなります。

オーブン

Pommes Anna

じゃがいもの重ね焼き

スライスしたじゃがいものシンプルなオーブン焼き

材料

じゃがいも――2個（薄切り）
バター――15g（溶かしておく）
塩こしょう――適量

作り方

1 耐熱容器に薄くスライスしたじゃがいもを並べ、全体にバターを塗り、塩こしょうを少々ふる。
2 同じ順番でじゃがいもを重ねていく（A）。
3 オーブン（220〜230度）で30分くらい焼く。

容器に合わせて何層にも重ねていく。一番上は見た目にも気をつけて。

深い容器を使って6段ぐらい重ねると、中はしっとりした食感になります。

オーブン

じゃがいものチーズ焼き

丸ごとじゃがいもにチーズを添えて熱々に焼き上げる

材料

じゃがいも——2個
チーズ（溶けるタイプ）——適量
塩こしょう——適量

作り方

1 じゃがいもをラップして、レンジで両面を3分ずつ加熱する。
2 じゃがいもを皮つきのまま耐熱容器に並べる。
3 じゃがいもに十字に切り込みを入れてチーズをのせ、オーブン（250度）で10分くらい焼く。
4 仕上げに塩こしょうをふる。

Pommes savoyard

じゃがいもをレンジで加熱しておけば、時短に。ステーキなどのつけ合わせにぴったり。

Pomme boulangères

じゃがいもと玉ねぎのコンソメ風味

オーブンでじっくり味をなじませた最強コンビ

材料

- じゃがいも——4個（薄切り）
- 玉ねぎ——1個（薄切り）
- バター——10g（常温に戻しておく）
- コンソメ——1個
- 水——200cc
- 塩——適量
- こしょう——適量

作り方

1 フライパンにバターを入れてとかし、玉ねぎをしんなりするまで炒めて塩をふる（**A**）。

2 小鍋に水とコンソメを入れて沸かす。

3 耐熱容器にスライスしたじゃがいもを並べて塩こしょうをふり、**1**と順に重ねていく（**B**）。

4 **2**を**3**にかけて、オーブン（200〜230度）に入れて30分くらい焼く。

A

甘みが出るように弱火でじっくり炒める。

B

じゃがいもと玉ねぎを順に重ね、何層にもする。

焼くときにタイムなどのハーブを入れておくと味のアクセントになります。

揚げる

Persil frit

パセリフライ

油でさっと素揚げするだけ！ メインとともに食感を楽しむ

材料

パセリ――適量
油――適量
塩――適量

作り方

1 パセリは洗って、しっかりと水分をふき取る（**A**）。

2 フライパンに1㎝ほど油を入れて火にかけ、熱してきたらパセリを入れてさっと揚げ（**B**）、軽く塩をふる。

A 油がはねるので水気はしっかりふき取る。

B パセリを少し入れてパチパチ音がしたら入れる。

他にパクチーなどクセのある葉ものでも。メインと一緒に食べ、パリパリ感を楽しんで。

Frites de courgette

ズッキーニのフリット

野菜をカラッと揚げるだけのシンプルレシピ

材料

ズッキーニ――½本（1㎝の輪切り）
小麦粉――小さじ1
衣
―小麦粉――大さじ3
―卵――1個
―水――大さじ1
油――適量

作り方

1 ボウルに小麦粉、溶き卵、水を加えてダマにならないようサクッと混ぜ合わせる。
2 ズッキーニに小麦粉をまぶす（**A**）。
3 **2**に**1**の衣をつけて、弱火できつね色にカラッと揚げる。

A 小麦粉を先にまぶしておくと、衣が絡みやすい。

水の代わりに衣に炭酸水やビールを入れればよりカラッと仕上がります。ズッキーニ以外もなんでもフリットに！

煮る

Épinards à la crème

ほうれん草のクリーム煮

ソテーを生クリームでアレンジ！にんにくの風味が食欲をそそる

材料

ほうれん草――1束（ザク切り）
にんにく――½片
生クリーム――50cc
塩こしょう――適量
油――大さじ1

作り方

1 フライパンに油をしき、ほうれん草ににんにくの香りをつけながら炒める（**A**）。
2 塩こしょうをふり、生クリームを加えてさっと煮る（**B**）。

A
半分に切ったにんにくをフォークで刺して炒める。

B
生クリームは最後に入れて、さっと煮るだけ。

魚やチキンのソテーによく合います。ほうれん草がなければ、チンゲン菜などでもOK。

煮る

Ciboule à la crème

ねぎのクリーム煮

ねぎの甘みをじっくり引きだし生クリームでさっと仕上げる

材料
ねぎの白い部分——1本分（薄切り）
バター——15g
生クリーム——50cc
塩——適量

作り方
1 フライパンにバターをとかし、ねぎを入れて弱火でじっくり炒める。
2 **1**に軽く塩をふり、生クリームを加えて、さっと煮る。

ねぎはじっくり炒めると甘みが出て、おいしくなります。ソテーした魚にもぴったり。

煮る

Mijoté de soja à la tomate

大豆のトマト煮

栄養もボリュームもたっぷり！ 野菜と大豆の定番煮込み

材料

玉ねぎ——¼個
にんじん——¼本
大豆（水煮）——150g
ベーコン——2枚
トマト缶（水煮）——1缶
水——150cc
コンソメ——1個
タイム——少量
ローリエ——1枚
塩こしょう——適量

作り方

1 鍋に油をしき、大豆の大きさくらいに切った玉ねぎ、にんじんを入れて炒める（**A**）。

2 しんなりしてきたら大豆の水煮を加え、さらにトマト、水、コンソメ、タイム、ローリエを加えて中火でことこと30分くらい煮る。

3 仕上げに小さく切ったベーコンを混ぜ合わせ、塩こしょうで味を調える。

A
弱火でじっくり炒めると、甘みが増す。

ソテーした肉や魚、ソーセージなどにも合うつけ合わせです。

煮る

Mijoté de lentilles

レンズ豆の煮込み

温かいままでも冷たくしても美味！ たくさん作って作り置きに

材料

玉ねぎ——1/4個（みじん切り）
にんじん
——1/4本（みじん切り）
レンズ豆（乾燥）——100g
水——400cc
コンソメ——1個
ベーコン
——2枚（みじん切り）
パセリ——適量
塩こしょう——適量
油——大さじ1

作り方

1 鍋に油をしき、玉ねぎ、にんじんを入れて炒め、しんなりしてきたらレンズ豆を加えて混ぜ合わせる。
2 水、コンソメを加えて、30分くらいことことレンズ豆がやわらかくなるまで煮る。（A）。
3 仕上げにベーコン、パセリを加えて塩こしょうで味を調える。

A
水分が足りないときは分量外の水を足す。

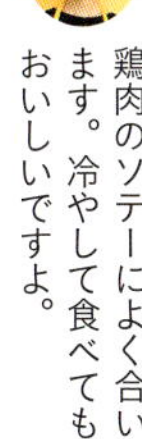

鶏肉のソテーによく合います。冷やして食べてもおいしいですよ。

Ratatouille à la potiron

かぼちゃのラタトゥイユ

シンプルな素材で作る簡単ラタトゥイユ

材料

かぼちゃ──¼個（薄切り）
玉ねぎ──½個（細切り）
水──150cc
ケチャップ──大さじ2
タイム──少量
ローリエ──1枚
塩──適量
こしょう──少々
油──大さじ1

作り方

1 鍋に油をしき、かぼちゃと玉ねぎをしんなりするまで炒める。
2 水、ケチャップ、タイム、ローリエ、塩ひとつまみとこしょうを加える（**A**）。
3 鍋にアルミホイルをかぶせて、中央に空気穴をあけて、10分くらい煮込む（**B**）。

A 野菜がしんなりしてきたらケチャップで味つけを。

B 密閉せずに穴を開けて、水分を飛ばす。

ズッキーニやなすも同様の作り方で。玉ねぎの甘さが強い場合は、黒こしょうを効かせて。

Haricots verts au fromage à la crème

いんげんのクリームチーズ和え

クリームチーズを合わせていつものいんげんを洋風の和え物に

材料

いんげん――20本（½に切る）
クリームチーズ――30〜40g
牛乳――小さじ1
こしょう（あれば黒こしょう）――少々

作り方

1 湯をわかし、いんげんを2〜3分ゆでてザルにあげる。
2 ボウルにクリームチーズを入れ、スプーンで練りながら牛乳でのばす（A）。
3 インゲンを加えてさっくり和え、仕上げに黒こしょうをふる。

A
牛乳は、クリームチーズに少しずつ混ぜてのばす。

ごまや細かく砕いたくるみ、ナッツとオリーブオイルで和えても。

ゆでて和える

Brocolis aux anchois

ブロッコリーのアンチョビ和え

アンチョビとにんにくの風味で大人のサイドメニュー

材料

ブロッコリー——½個（一口大）
アンチョビ——2〜3枚（みじん切り）
にんにく——1片（半分に切る）
オリーブオイル——大さじ2

作り方

1 湯が沸騰したら、ブロッコリーを強火で1分ほどゆでてザルにあげる。
2 フライパンにオリーブオイル、アンチョビ、にんにくを入れて香りを出す（A）。
3 火を止めてブロッコリーを加えて和える。

A パチパチが音が出るまで待ち、火を止める。

ブロッコリーは歯ごたえが残るくらいに。茎の部分も皮をとれば、おいしく食べられます。

そのまま和える

Mélange de haricots à la vinaigrette

ミックスビーンズのドレッシング和え

サラダ感覚で作れる手軽な豆料理

材料
ミックスビーンズ(市販)
——100g
玉ねぎ——¼個(みじん切り)
ドレッシング
マスタード——小さじ1
酢——小さじ½
オリーブオイル
——大さじ1

作り方
1 ボウルにマスタード、酢を入れ(**A**)、オリーブオイルを加えながら、攪拌させてドレッシングを作る(**B**)。
2 **1**に玉ねぎを加えて混ぜ合わせる。
3 さらにミックスビーンズを加え、全体に味がなじむように混ぜる。

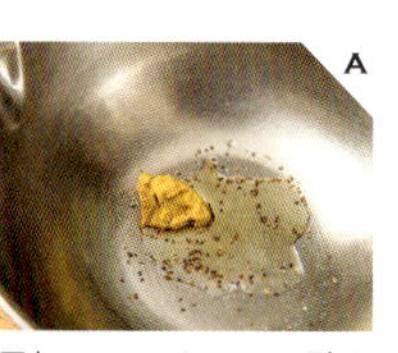
A
最初にマスタードと酢を入れ、混ぜておく。

B
オリーブオイルはゆっくりと少しずつ加えていく。

ミックスビーンズは、レッドキドニービーンズ、ガルヴァンゾー(ひよこ豆)などお好みで。玉ねぎがアクセントになります。

Salade de chou

キャベツのコールスロー

さっぱりしたつけ合わせがほしいとき
レモンと塩で和えるだけ

材料
キャベツ——¼個(千切り)
塩——適量
レモン(スライス)——数枚
レモン(絞り汁)——¼個分
オリーブオイル——適量

作り方
1 キャベツを千切りにし(A)、塩をひとつまみ加えてしっかりもみ込む。
2 水分が出てきたら絞り、味見をして塩で味を調える。
3 レモンのスライス、レモンの絞り汁、オリーブオイルを加えてさっと混ぜ合わせる。

A

キャベツは外側の捨ててしまうような緑の濃い部分も使うと、見た目が鮮やかで食感の違いも楽しめる。

メインの前に作って、味をなじませておくといいですよ。好みでマヨネーズを加えても。

Courgettes marinées

ズッキーニのマリネ

切り方を変えるだけで食感が変わる！素材の味をそのままサラダに

材料
ズッキーニ——½本
レモン（絞り汁）——¼個分
オリーブオイル——大さじ1
塩——適量
こしょう——少々

作り方
1 ズッキーニを皮がついたまま縦半分に切り、薄く切る（A）。
2 ボウルに1を入れ、塩ひとつまみ、こしょう、レモン汁、オリーブオイルを加えて軽く混ぜ合わせる。

A
ピーラーを使えば簡単に薄切りに。

ズッキーニは生でもおいしく食べられるのでマリネに合います。きゅうりでも同様に。

志麻さんの

食材×調理法の早見表 つけ合わせ編

野菜はいろんな調理法が楽しめます。◎は特におすすめの調理法、○ももちろんおすすめ。

ページ数は本書で紹介している組み合わせです。どうぞ、参考にしてください。

食材＼調理法	ソテー	ピュレ	オーブン	揚げる	煮る	ゆでて和える	そのまま和える
じゃがいも	◎ P72	◎ P76	◎ P83~85	◎	◎	◎	×
にんじん	○	◎	○	○	◎ P90,91	○	◎
玉ねぎ	◎	○	◎ P79	◎	○ P90~92	△	×
ブロッコリー	◎ P70	○	○	○	△	◎ P94	×
かぼちゃ	◎ P71	◎ P75	◎	◎	◎ P92	◎	×
ほうれん草	◎ P73	◎ P76	△	△	◎ P88	◎	○ (サラダ用)
いんげん	◎ P74	○	○	○	○	◎ P93	×
トマト	○	△	◎ P78	△	◎	×	◎
チンゲン菜	◎	○	◎ P80	○	○	◎	×
なす	◎	◎	◎ P79	◎	◎	△	×
パプリカ	◎	◎	◎ P79	○	◎	○	○
レタス	○	△	◎ P81	△	○	○	◎
キャベツ	◎	△	○	△	◎	◎	◎ P96
ねぎ	◎	○	◎ P82	○	◎ P89	◎	×
ズッキーニ	◎	◎	◎ P79	◎ P87	◎	◎	◎ P97
パセリ	△	△	△	◎ P86	×	×	○
カリフラワー	◎	◎	◎	◎	◎	◎	○
大豆	○	○	○	○	◎ P90	◎	○ (水煮用)
レンズ豆	×	◎	×	×	◎ P91	◎	×
ミックスビーンズ(水煮)	△	○	○	○	◎	◎	◎ P95

志麻さんちのお弁当

夫がフランス人ということもあって、日本スタイルのお弁当というより、テイクアウトの料理みたいな感覚で作ることが多いです。忙しい朝にあれこれ考えなくてもすみますし、少しずつ何種類も詰めるより、手軽で簡単。そういうスタイルでもいいのかなと思います。

私がアルバイトしていた頃に持っていったお弁当は、作り置きした煮込み料理とパンを2、3切れ。電子レンジがあったので、それを温めて食べていました。朝から晩まで働いていたので、時間が取れたときに煮込み料理をたくさん作っておいて、冷蔵庫で保存していたんです。煮込み料理は日持ちもするし、時間が経つと味に深みが出て、さらにおいしくなるんですよね。

魚やお肉のソテーやオーブン焼きも実はお弁当向き。作りたてはもちろんおいしいですが、翌日でもパンにはさんだりして外で食べると、また新鮮な気分で楽しめます。

パンにはさんでピクニック風ランチに

豚ヒレ肉のパネ P49

魚やお肉のポワレやソテーはサンドイッチに。豚ヒレ肉のパネはチーズとトマトも一緒にサンド。

鶏むね肉のポワレ P46

何度食べてもおいしい
煮込み料理をお弁当にも

牛すね肉のトマトクリーム煮とごはんをつめてお弁当に。レストランに負けない豪華なランチになります。

テーブルを彩る
パーティメニューにも
持ち寄りパーティーでも歓迎される鶏肉のパプリカ煮込みや牛肉のトマト蒸し煮。真っ白な容器に入れて行けば、そのままテーブルに。
ブリのシチリア風
P40
鶏肉のパプリカ煮
P26
ブロッコリーのソテー　P70
牛肉のトマト蒸し煮　P24

PLUS 1

スープを決める

基本の作り方がわかれば
いろんなアレンジが可能!

味噌汁のようにいつもの食事に

私が出会ったフランスの家庭料理のなかで、とても印象的だったものは野菜がたっぷり入った具沢山のスープでした。特別なものは入っていない、家にある野菜を使ったシンプルなものですが、食べると心も身体も温かくなるような幸せな気分になったのを覚えています。

スープは日本の味噌汁と同じ感覚で、献立に加えるとバランスがよくなります。寒い季節には、熱々のスープを飲むと身体が温まりますし、夏の暑さが厳しいときには、ひんやり冷たいスープで身体をクールダウンさせたり、食欲がないときや体調が悪いときにもスープはぴったり。肉や魚、野菜がはいったボリュームたっぷりの具沢山のスープは、食べるスープとして忙しい朝の食事代わりにもなります。

スープにもいろんなバリエーションがありますが、家庭で気軽に作りやすいのは、コンソメスープやポタージュスープだと思います。

コンソメスープは、水にコンソメと具材を入れて火にかけ、塩こしょうで

味を調える作り方が基本ですが、野菜を丸ごとじっくり煮たり、野菜を先に軽く炒めて甘みを引き出してからさっと煮たり、具材に合わせた仕上げ方があります。

ポタージュスープは、家庭で作るのは難しいと思われる方もいらっしゃるかもしれませんが、これも基本さえ覚えれば難しくありません。最初に玉ねぎをしんなりするまで炒めます。そこに水、コンソメ、具材となる野菜を加えてやわらかく煮てつぶしたら、水分でのばし、塩こしょうで味を調えれば、簡単に出来上がります。少し濃厚なポタージュにしたいときには牛乳や生クリームでのばすなど、料理や気分に合わせて気軽に調整できます。かぼちゃ、かぶ、じゃがいも、ごぼうなどの根菜類だけじゃなく、なす、トマトなど、どんな野菜でもポタージュは作れます。

もちろんどんなものにも例外はありますが、ポイントを押さえておけば、自由な発想が生まれます。メインやつけ合わせと同じで、食材を変えるだけでバリエーションが広がりますので、いろいろな組み合わせで、ぜひ、試してみてください。

コンソメ

Consommé de navets

丸ごとかぶのコンソメスープ

シンプルなコンソメスープに
鶏ひき肉で味のアクセント

材料(2人分)

かぶ——2個
(茎を少し残して皮をむく)
水——600cc
コンソメ——1個
鶏ひき肉——100g
塩こしょう——適量

作り方

1 鍋にかぶと水とコンソメを入れて、かぶがやわらかくなるまで火にかける(A)。
2 ボウルに鶏ひき肉を入れて、1のスープを加えてほぐし(B)、1に戻す。
3 中火で煮立ててアクを取り(C)、塩こしょうで味を調える。

A

B

C

かぶは火が通りやすい食材なので、短時間で煮上がります。もちろん、かぶ以外でも同様に作れます。鶏ひき肉のほか、帆立の貝柱、エビのみじん切りなどを入れても味のアクセントになります。

Consommé de carottes

にんじんのコンソメスープ

野菜の甘みを引き出した手軽でやさしいスープ

材料（2〜3人分）

にんじん――½本（細切り）
油――大さじ1
水――600cc
コンソメ――1個
塩――適量
こしょう――適量

作り方

1 鍋に油をしき、にんじんを入れて、弱火で炒める。しんなりしたら塩をふる（**A**）。
2 **1**に水とコンソメを加えて弱火で5分ほど煮る。
3 塩こしょうをふり、味を調える。

A 甘みが出るように、弱火でじっくり炒める。

にんじんはそれぞれ甘みが異なるので、スープの味を確かめて、必要なら砂糖を加えてください。

Consommé de tomates cerises

プチトマトのコンソメスープ

さっと火を通したトマトと生ハムとクリームチーズの絶妙な味わい

材料（2〜3人分）

ミニトマト——10個
生ハム——1枚（細かく切る）
クリームチーズ
——20g（小さくちぎる）
水——600cc
コンソメ——1個
塩——適量
オリーブオイル——適量
黒こしょう——適量

作り方

1 鍋に水とコンソメを入れて火にかけ、塩で味を調える。
2 沸騰した状態のスープにミニトマトを入れ、すぐに火を止める（A）。
3 スープを器に入れ、熱いうちに生ハムとクリームチーズを加える。
4 仕上げに黒こしょうをふり、オリーブオイルをたらす。

ミニトマトは煮崩れしやすいのですぐ火を止める。

味を調えてから野菜を加えるので、レタスや水菜など水分の多い野菜でも。

コンソメ

Consommé de pommes de terre et chinchards

じゃがいもとアジのコンソメスープ

アジの干物を使った
ボリュームたっぷり洋風スープ

材料（2〜3人分）

アジの干物——1枚（焼いてほぐす）
玉ねぎ——½個（くし切り）
にんにく——2片（半分に切る）
じゃがいも——2個（大きめに切る）
水——800cc
コンソメ——1個
塩——適量
油——大さじ1
オリーブオイル——適量
黒こしょう——適量

作り方

1 フライパンに油をしき、ひとつまみの塩を加えて玉ねぎ、にんにくを炒める。
2 **1**にじゃがいも、水、コンソメを加えて、じゃがいもがやわらかくなるまで煮る（**A**）。
3 ほぐしたアジ（**B**）を**2**に加え、弱火で5分ほど煮て味をなじませる。塩味が足りなければお好みで加える。
4 仕上げにオリーブオイルをたらし、黒こしょうをふる。

A

B

フランスでは、よく干しダラを使いますが、アジの干物もスープに入れるとおいしいです。干物の魚によっては塩が強いものもあるので、塩加減は味を見ながら調整を。

Potage de chou-fleur aux lardons croustillant

カリフラワースープのカリカリベーコン添え

クリーミーでなめらかな濃厚スープに香ばしいアクセント

材料（2〜3人分）

カリフラワー――½個（一口大）
玉ねぎ――½個（薄切り）
バター――15g
水――450cc
コンソメ――1個
牛乳――250cc
塩――適量
ベーコン――2枚（細切り）
油――大さじ1

作り方

1 鍋にバターをとかし、玉ねぎをしんなりするまで炒める。
2 カリフラワー、水、コンソメを加え、アクを取りながら、中火から弱火でことこと煮る（A）。
3 カリフラワーがやわらかくなったら火を止め、牛乳を加えながら（あればハンディフードプロセッサーで）つぶし混ぜる（B）。
4 再び火にかけて温め、塩で味を調える。
5 フライパンに油をしき、ベーコンをカリカリに炒めたら、器に取り分けたスープにのせる。

A

B

カリフラワーの代わりに、かぶやにんじん、かぼちゃなどもおすすめ。クリーミーなポタージュスープと相性がいい食材はいろいろあるので、アレンジしてみてください。

ポタージュ

Soupe froide aux tomates

トマトの冷製スープ

つぶして混ぜるだけ！ 暑い夏にうれしいひんやりスープ

材料（2〜3人分）
トマト3個（ザク切り）
＊皮が気になる人は湯むきする
材料①
はちみつ――大さじ1〜2
バルサミコ酢
――小さじ½
オリーブオイル
――大さじ1
塩――小さじ1

バルサミコ酢――適量
オリーブオイル――適量
こしょう――適量

作り方
1 ボウルにトマト、**材料①**を入れて、ハンディフードプロセッサーでつぶし混ぜる（**A**）。
2 **1**を冷蔵庫で冷やして休ませ、味を落ちつかせる。
3 皿に取り分け、仕上げにバルサミコ酢、オリーブオイルをたらし、こしょうをふる。

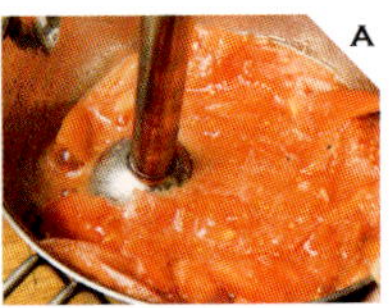

器具がなければ、ザルで裏ごしして混ぜる。

トマトの代わりに、桃やスイカなどのフルーツでもさっぱりとしたスープが作れます。

PLUS 2

余裕があれば

デザートも考える

ディナーの後のお楽しみに
覚えておきたい簡単デザートレシピ

会話を楽しみながらデザートを

ディナーのあとのお楽しみは手軽に作れる簡単なデザート。少し余裕があるときに、家にある食材で作れるデザートレシピを紹介します。メインとなる材料はフルーツか卵。特別な調理用具がなくても大丈夫です。

フルーツを使ったお菓子はいろいろありますが、シンプルに焼いただけでも立派なデザートになります。りんごやバナナは一年中手に入りやすく、焼くことでおいしくなるフルーツです。パイナップルや桃などもいいですね。フルーツを焼くことに抵抗がある方もいらっしゃると思いますが、甘さが増し、フレッシュで食べるのとはまた違うおいしさになります。

小麦粉を使ったデザートは、ちょっとハードルが高くなりますが、この本で紹介する「クランブル」は簡単です。小麦粉にバターと砂糖を混ぜてポロポロにしたクランブルの生地をフルーツにのせて焼くだけで、タルトのような食感が楽しめる一品です。

そして、どこのご家庭の冷蔵庫に常備されている卵ですが、卵白、卵黄、

それぞれに特徴があり、いろいろな形に変えられるのが面白いところです。卵白は泡立てるとメレンゲになりますし、卵黄は砂糖、牛乳、小麦粉を混ぜ合わせて加熱するとカスタードクリームになり、卵黄、砂糖、牛乳を混ぜて加熱するとプリンのようにフリフリになります。「セミフレッド」は火を使わずに作るアイスクリームのような口あたりのデザートです。夏の暑い時期は火を使うのがちょっと億劫(おっくう)になることもありますから、混ぜて冷やし固めるだけでできるデザートも知っていると便利です。

フルーツはそのままでももちろん食後の楽しみの一つですが、少し手を加えるとスペシャルな「デザート」になります。フランス人は朝食や軽食、食後にもフルーツをよく食べますが、焼いたり煮たり、ひと手間かけてよくデザートを作っています。

会話とディナーを楽しみ、余裕があれば最後に簡単でも手作りのデザートを。忙しい日々でも、週末の時間があるときにはそんな幸せな食卓を味わっていただけたら私もうれしいです。

フルーツ

Crumble aux pommes

りんごのクランブル

**フルーツにのせて焼くだけ
食感はサクッとしたタルト!**

材料
りんご――1個(一口大)
グラニュー糖――大さじ1
クランブル生地
バター――50g
小麦粉――100g
グラニュー糖(なければ砂糖)――50g

memo
水分の多いりんごを使うときは、**4**のりんごにラップをかけ、レンジ(600W)で5分加熱しておくといいですよ!

作り方

1 バターは冷たいまま角切りにして、ボウルに入れる。

2 小麦粉とグラニュー糖を加え、指で小さくつぶしながら混ぜる。

3 粉っぽさがなくなり、全体がそぼろ状になるまで混ぜ合わせる。

4 ボウルにりんごを入れて、グラニュー糖をまぶす。

5 耐熱容器に**4**を並べ、表面に**3**をしき、オーブン(200度)で40分ほど焼く。

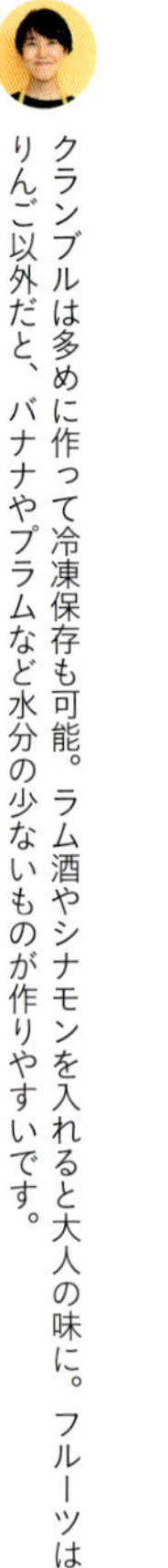
クランブルは多めに作って冷凍保存も可能。ラム酒やシナモンを入れると大人の味に。フルーツはりんご以外だと、バナナやプラムなど水分の少ないものが作りやすいです。

フルーツ

Ananas poêlé

パイナップルのポワレ

**フルーツをバターで焼いて
フレッシュな味との違いを楽しんで**

材料
パイナップル——¼個（縦長に切る）
バター——10g
砂糖——大さじ1
ラム酒（あれば）——少量
バニラアイス——適量

作り方
1 フライパンにバターをとかし、パイナップルを焼く。動かさずに強火で焼き目がつくまで。
2 **1**に砂糖を加えて火にかけ、フライパンを揺すりながらキャラメル状に煮詰める。
3 ラム酒を加えて香りをつける。

バターでこんがり焼くだけで、とっても美味。極上のおやつに。

パイナップルのほかに、りんごやバナナ、梨、プラムなどもポワレに向いています。ラム酒にこだわらず、好みのリキュールで香りづけしても。風味豊かになります。

卵

Semifreddo

セミフレッド

ふわっと口どけ軽やか
アイスのような冷たいデザート

材料

卵——4個
砂糖——40g
生クリーム——200cc
⇦（注）次のように分けて使います

1
卵黄——4個分
砂糖——10g

2
卵白——4個分
砂糖——10g

3
生クリーム——200cc
砂糖——20g

作り方

1 ボウルに卵黄と砂糖10gを入れて白っぽくなるまで混ぜる。

2 別のボウルに卵白を入れ、砂糖10gを少しずつ加えながら角が立つまでしっかりと泡立てる。

3 別のボウルに生クリームと砂糖20gを入れて泡立て、8分立てに。

4 **1**と**2**と**3**をさっくりと混ぜ合わせ、容器に流し込み、冷凍庫で冷やし固める。

冷やし固める前にブルーベリージャムなどを落とし入れても。加えるときは、小さじ1の水を加えて、やわらかくしてから！

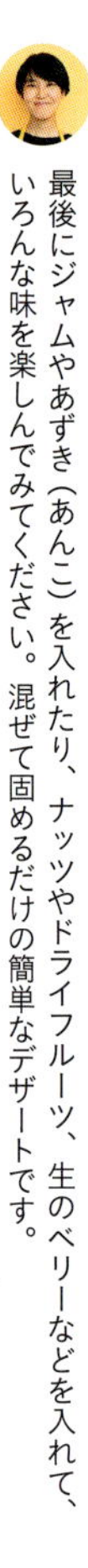

最後にジャムやあずき（あんこ）を入れたり、ナッツやドライフルーツ、生のベリーなどを入れて、いろんな味を楽しんでみてください。混ぜて固めるだけの簡単なデザートです。

卵

おわりに

　レシピを忠実に再現しようと思うと、これを用意しなきゃ、あれも用意しなきゃと考えて億劫になってしまいますよね。でも、すべて同じ材料をそろえなきゃいけないということはありません。そのときにあるもので代用して作ればいいと私は思っています。

　作り方の基本を覚えてポイントをつかんでおけば、レシピを再現することに集中しなくても大丈夫です。見た目や匂い、音を頼りにしたほうがいいときもあります。たとえば、火加減についてですが、実は家庭のコンロの大きさなどによって火力が違います。「弱火で10分焼く」といって弱火にしたつもりでも、フライパンの中の油がパチパチはねるようなら火がまだ強いかもしれません。そんなふうに音や状態を見て判断して、自分なりに調整することのほうが大切だったりします。

　フランス人はお肉もしっかり食べますが、同じように野菜もたっぷり食べます。肉・魚の「メイン」に野菜の「つけ合わせ」というスタイルができていて、いろいろな調理法で野菜を食べる習慣があるので、実は栄養のバランスがとれているんです。また、フランス人は食べることが生活の真ん中にあって、とくに週末には家族や友人たちとのおしゃべりとともに食事の時間を大切にしています。家庭で代々受け継がれてきたレシピやおいしく食べるための知恵を大切にし、現代の生活にいかしている人が多く、そういうライフスタイルが私は素敵だなと思います。

レシピに縛られすぎず、がんばりすぎず、食べたいもの、旬のもの、冷蔵庫にあるもの、安く手に入るものを使って、その日の気分に合わせて料理を作り、食事の時間を楽しむ。私はそれがいちばん心にも身体にもいいことなんじゃないかなと思います。そのためにこの本が少しでもヒントになれば、とてもうれしいです。

志麻

写真
中島慶子

スタイリング
大関涼子

取材・文
盆子原明美

編集協力
U T U W A
conasu antiques
平田麻莉

志麻（しま）

大阪あべの・辻調理専門学校、同グループ・フランス校を卒業。ミシュランの三ツ星レストランでの研修を修了後、日本に戻り、有名フランス料理店などで15年働く。2015年にフリーランスの家政婦として独立。各家庭の家族構成や好みに応じた料理が評判を呼び「予約がとれない伝説の家政婦」としてメディアから注目される。著書に『志麻さんのプレミアムな作りおき』『志麻さんの何度でも食べたい極上レシピ』『厨房から台所へ―志麻さんの思い出レシピ31』『沸騰ワード10×伝説の家政婦 志麻さん ベストレシピ』などがある。料理教室やイベントの講師、食品メーカーのレシピ開発など多方面で活動中。フランス人の夫と息子と3人暮らし。https://shima.themedia.jp/

1分で決まる！

志麻さんの献立の作り方

2019年4月4日　第1刷発行

著　者　志麻

発行者　鉄尾 周一

発行所　株式会社マガジンハウス
〒104-8003　東京都中央区銀座 3-13-10
書籍編集部　☎03-3545-7030
受注センター　☎049-275-1811

印刷・製本所　大日本印刷株式会社

ブックデザイン　岡 睦、更科絵美（mocha design）、野村彩子

マガジンハウスのホームページ http://magazineworld.jp/

ISBN978-4-8387-3044-5 C0077